LE MAITRE D'ARMES
OU
L'EXERCICE DE L'ÉPÉE SEULE
DANS SA PERFECTION.

Dédié à Monseigneur LE DUC DE BOURGOGNE,

Par le Sieur DE LIANCOUR.

A PARIS,
AVEC PRIVILEGE DU ROI.

Et se vendent

A AMSTERDAM,
Chez DANIEL DE LA FEUILLE, prés de la Bourse.
M. DC. XCII.

A MONSEIGNEUR
LE DUC DE BOURGOGNE.

MONSEIGNEUR,

C'est une grande témérité à moi, de mettre à la teste de mon Livre le nom d'un Prince qui est déja l'admiration de toute la Terre. La gloire éclatante dans laquelle Vous êtes né ; les autres grandeurs qui Vous attendent, & tout ce que le Ciel nous a promis de Vous au moment de Votre Naissance, par des pronostiques si évidens. Enfin, MONSEIGNEUR, tous ces miracles dont Vous surprendrez l'Univers, sembloient devoir m'intimider dans le dessein où j'étois de Vous consacrer mes travaux : Mais si j'ai été assez heureux pour découvrir quelques nouvelles connoissances dans la Profession que je fais des Armes, à qui pourrois-je les offrir, si ce n'est à Vous, MONSEIGNEUR, dont les Armes doivent soûmettre tout le Monde ? Je sai bien, que pour être un jour l'amour & la terreur de l'Univers, Vous n'avez besoin que des leçons de LOUIS LE GRAND, & des lumières de MONSEIGNEUR LE DAUPHIN. Mais si vous suivez leurs Exemples, Ils n'ont pas dédaigné de s'apliquer à l'Exercice des Armes, & leurs mains destinées pour enchaîner la Fortune, se sont quelquefois laissé conduire par des Maitres de ma Profession. C'est dans cette assurance, MONSEIGNEUR, que je me presente devant Vous, pour mettre mes Armes à Vos Pieds, & Vous offrir ma Vie avec elles. Cette généreuse bonté, qui est naturelle aux Grands Princes, sur tout à l'Illustre Sang des BOURBONS, me fait esperer que Vous ne méprisérez pas mon offrande, & que vous me permettrez de me dire avec un profond respect,

MONSEIGNEUR,

Votre très-humble très-obéïssant Serviteur,
DE LIANCOUR.

PREFACE.

Les Etats les mieux disciplinez ont eu soin de faire aprendre la Jeunesse à se défendre de leurs Ennemis: C'est pourquoi sous le Règne du plus grand de nos Rois, où tous les Arts & tous les Exercices, tant de l'esprit que du corps, sont venus à leur perfection, chacun doit contribuer à pousser sa Profession au plus haut point dont il est capable. Je sai bien que la defense exacte que Sa Majesté a faite des Combats singuliers prémeditez, que l'on appelloit Duels, a fait croire mal-à-propos à quelques particuliers que nôtre Exercice en quelque façon étoit inutile; c'est en quoi ils se sont fort trompez, puisqu'ils n'ont pas sceu quel est son but, qui est seulement de se deffendre ou de n'attaquer, que lorsque la force de la Justice & des Loix nous y oblige. C'est ainsi que chaque Corps en particulier peut être comparé à un Etat tout entier. Choisissons le plus florissant de tous les Etats du Monde, & suivons pour nos causes particulieres la maxime du grand Roi qui le gouverne. Il n'a attaqué que lorsque la Justice l'a sollicité de le faire. Lorsque ses Voisins ont voulu l'assaillir, il a fait voir comme il sçavoit se défendre; & lorsqu'il a été le Maître de ses Ennemis, il leur a genereusement accordé, ou plûtôt les a forcez d'accepter une Paix qu'il n'auroit peut-être pas obtenuë d'eux, s'ils avoient été les Vainqueurs. Suivons de loin ses belles leçons, & tâchons de les appliquer à nos interêts particuliers. Ne combatons que pour les choses justes, & même tâchons que ce ne soit qu'en se deffendant, afin de ne pas encourir l'indignation d'un Roi qui nous donne de si grands exemples de sagesse & de vertu. Mais quelques-uns me pourront dire, puisqu'il n'y a plus d'occasion, il n'est pas necessaire que je me mette en deffense. Ce raisonnement ne peut venir que d'un homme qui veut être inutile à l'Etat & à son Roi. Athenes & Rome, mesme dans les tems de Paix, étoient des lieux où cet Exercice florissoit le plus; & c'étoit autrefois dans ces deux Villes que toutes les Nations du Monde alloient prendre des leçons d'adresse, afin de quitter ce nom de Barbare que l'on donnoit à ceux qui n'avoient aucune teinture des beaux Arts. Puisque le glorieux Regne de LOUIS LE GRAND, anime aujourd'hui chacun de ses Sujets à vouloir exceller dans sa Profession, j'exhorte mes Confreres à seconder la justice de mes intentions, & à contribuer de leur savoir pour réveiller ce bel Exercice qui me paroit comme endormi depuis quelques années. Je leur déclare que je ne m'entête point de mes opinions particulieres; que mon seul chagrin est de remarquer que nos Gentils-hommes d'aujourd'hui n'ont plus cette même adresse dans nôtre Exercice, qu'ils acqueroient autrefois. Afin que l'on ne s'en prenne point à nôtre negligence, je les prie de me communiquer fraternellement les raisons de leurs principes qui ne seront pas conformes aux miens, je m'y soumettrai de bon cœur, quand elles seront meilleures que les miennes; ce qui sera plus utile pour l'interêt de la Noblesse, que tout ce qu'ils pourroient dire contre mon Ouvrage, en des lieux où je ne serai pas pour leur répondre.

LE MAITRE D'ARMES
OU
L'EXERCICE DE L'EPÉE SEULE.

CHAPITRE PREMIER.

Comme il faut faire monter une Epée, & choisir une Lame.

AVant que de venir à l'essentiel des Armes pour l'Epée seule, & de vous en expliquer les veritables principes, il est à propos d'apprendre la maniere de faire monter une Epée: car pour la connoissance des parties qui la composent, c'est purement le fait du Fourbisseur. Il n'y a personne qui ne sache ce que c'est que la Garde, la Poignée, la Lame & le Fourreau: C'est ce qui est seulement necessaire à sçavoir, sans embarrasser l'esprit d'un Gentilhomme, en lui parlant du corps d'une Garde, des Quillions, de la Plate, des Pas-d'asnes, & de toutes les façons de Gardes & de Revers. Ainsi je passerai sous silence toutes les choses qui ne regardent mon Exercice que par rapport à l'Epée, & je viendrai d'abord à la maniere de la faire monter.

Il faut que l'Epée soit avec un revers ou branche, parce que la main en est mieux garantie. Il y en a pourtant qui la veulent sans revers : Mais quoi que je me déclare pour la premiere façon, la jugeant plus commode pour le service, je suis d'avis que chacun la choisisse selon son inclination ; parce que si le revers est avantageux contre les coups d'estramaçon, & conserve les doigts, il peut devenir dangereux à ceux qui viennent aux prises.

Il faut que le corps de la Garde & le Pommeau soient bien limez, & percez au dedans ; car il vaut mieux que l'ouverture de la Garde & le trou du Pommeau soient grands, que d'alterer la soye de l'Epée, en la limant. Je veux dire ce fer qui est au bout de la lame, que l'on fait entrer dans la Garde, la Poignée & le Pommeau. Et ainsi le Fourbisseur ne mettra que fort peu de bois pour la faire tenir ferme; parce que d'ordinaire si l'on n'y prend garde, il lime trop la soye, pour s'épargner de limer en dedans le corps de la Garde & le Pommeau, puis il met du bois par tout, pour remplir l'espace vuide, & l'Epée n'en est jamais si ferme. C'est à quoi il faut prendre garde : Et même je conseillerois de la voir monter ; car il est arrivé à beaucoup de gens l'Epée à la main, que la moindre parade ou battement faisoient separer les parties

ties de l'Epée : ce qui causoit de grands accidens. Sur tout que la soye soit bien rivée au bout du Pommeau.

Aprés avoir parlé des qualitez necessaires à la Garde, il faut presentement dire pour la Lame, qu'il dépend de la volonté de la choisir de deux pieds & demy, ou tout au plus de trois. Il me semble que c'est la veritable longueur qu'elle doit avoir. Pour connoistre sa bonté, il sera bon de la visiter par tout, depuis la pointe jusqu'à la soye, dessus l'arreste, & au dedans, si elle n'a que trois quarres ; & dessus les deux arrestes, si elle en a quatre. Pour voir s'il n'y a point de paille. Les pailles sont faites comme de petits trous. Les unes sont de travers, les autres de long. Les dernieres ne sont pas si dangereuses. Si vous n'en trouvez point, il faut ensuite la pousser contre la muraille, & remarquer si elle fait bien son cercle en la ployant. Si vous y voyez un arrest, c'est à dire si le plis demeure vers la pointe, & le reste de la Lame droite & roide, c'est un grand defaut. Mais si elle prend bien son cercle en long, qui réponde environ un pied de la Garde, qui est le fort de l'Epée, c'est la marque de la bonté de la Lame. Si en ployant elle demeure tout-à-fait faussée, c'est signe que la trempe n'en est pas bonne, quoyque pourtant il vaut mieux qu'elle fausse un peu, que de ne point fausser du tout ; puisque ce seroit la marque d'une trempe aigre & facile à casser : Mais quand elle fausseroit un peu, ce ne seroit pas un defaut ; au contraire ce seroit signe d'une trempe douce & des meilleures. Il seroit bon de la faire émousser par la pointe, & la casser dans l'étau. Quand elle sera rompuë, vous en connoistrez mieux la trempe. Si dans la cassure vous la trouvez de couleur grise, vostre Lame sera fort bonne : Si elle est blanche, c'est tout le contraire. D'autres luy font faire un double cercle, en l'appuyant fort contre le mur ou cloison, & luy font faire un tour, & la laissent tomber aprés par un mouvement de poignet. C'est ce que plusieurs appellent *le tour du chat*. Pour moy, lorsque je choisis une Lame, aprés l'avoir visitée comme j'ay dit, je m'en tiens asseuré : car si quelquefois ces efforts que l'on fait faire à une Lame, ne la font pas casser dans le moment, elle peut manquer à la premiere épreuve, ayant esté affoiblie par les premiers efforts qu'on luy a fait faire. Il faut toûjours faire monter sa Lame toute droite. A l'égard de la Poignée, cela dépend de la diversité des sentimens, & sur tout des grandeurs de mains ; puisque quelques-uns l'aiment grosse, & les autres menuë ; les uns quarrée, & les autres ronde. Pour moy je la veux un peu longue & quarrée, la main en est plus à son aise, & l'on en tient mieux son Epée : Mais chacun se doit satisfaire là-dessus.

CHAPITRE SECOND.

Où il est parlé des premiers mouvemens pour réüssir au fait des Armes.

Venons aux principes de l'Epée seule. Mais comme cette matiere ne demande pas tant la politesse de nostre Langue, que la netteté dans l'explication, & la naiveté dans les termes de l'Art, je prie le Lecteur de chercher icy l'utilité plûtost que le plaisir. Je commenceray d'abord par ce qui regarde l'essentiel de mon Exercice, sans mettre en usage ces termes barbares & ces expressions ambiguës, dont nos Anciens se sont servis pour nous mener dans cette connoissance. Je diray seulement que dans une Epée il y a le fort & le foible. Le fort se prend depuis la Garde jusqu'au milieu de la Lame, & le foible est ce qui reste de la Lame. Si je ne m'estois proposé de ne rien mettre d'embarrassant,

je

je parlerois présentement, comme beaucoup d'autres, de demy-fort, de demy-foible, & même de quart : mais cela seroit superflu ; c'est assez de sçavoir que l'Epée estant bien conditionnée, l'on s'en servira de la maniere qui suit.

Pour se bien servir de l'Epée, il faut considerer que la fermeté du corps sur les jambes, est une des principales conditions necessaires ; & cela observé, je commenceray par ce principe à faire marcher, avant que d'attaquer. Après avoir établi ces marches & démarches de plusieurs levées d'Armes, il faut ployer le corps en avant & en arriere, tantôt sur la jambe droite, tantôt sur la gauche, en ployant les genoux l'un aprés l'autre. Quand on ploye en avant, il faut affermir le pied gauche à terre tout plat, sans le coucher, roidir le genoux gauche, & ployer le droit ; ensuite se remettre en arriere sur la jambe gauche, & roidir la droite, le corps se retirant & s'avançant, savoir, se retirant lorsque l'on ploye en arriere, & s'avançant lorsque l'on ploye en avant, pour donner cette grande liberté que l'on acquiert avec le temps par le moyen de ces mouvemens, sans quoi il est impossible d'y réussir : Mais quand on aura acquis la facilité de ces mouvemens, on sera en état de tout entreprendre, & le corps étant ainsi disposé, pourra mettre en pratique les coups suivans, avec moins de peine & plus de seureté. Pour les rendre plus sensibles, il faudroit les exposer dans plusieurs Planches ; mais comme la quantité des principes en demanderoit un trop grand nombre ; je me contenterai seulement d'y mettre les principales, & d'y representer la plus grande partie de ce que j'ai à dire.

CHAPITRE III.

Où il est parlé des Principes.

CEtte Planche contient cinq Figures, dont la premiere represente la premiere action que l'on doit faire pour mettre l'Epée à la main. Elle est tournée de cette maniere, en éfaçant le corps, tournant un peu le pied droit & la hanche, regardant de demi-face son Ennemi, tenant de la main gauche le fourreau, & de la droite la poignée, posant le pouce auprés de la garde & du côté du plat de l'Epée, afin d'être aussi-tôt prest à la tirer. Elle est dans toute sa force pour lâcher le pied droit derriere le gauche, comme il paroit dans la seconde Figure, qui aprés avoir tiré l'Epée du fourreau, l'éleve en forme de parade d'estramaçon, pour estramaçonner en cas de besoin ; car en voulant tirer l'Epée, l'on peut être trop prés de son ennemi. Ainsi de peur d'être surpris, il est bon de prendre ses précautions pour se mettre assez tot en garde. Ce que l'on peut faire de bien des manieres. Il y en a qui tiennent leur garde de Prime, les autres de Seconde, de Tierce, de Quarte & de Quinte ; & même l'on pousse de ces cinq sortes de façons, que je montrerai en son lieu, tant de ces gardes, que de ces coups poussez. La troisiéme Figure en cette Planche, est la garde ordinaire. Il faut mettre le pied gauche dans l'espace de deux semelles ou environ, derriere le droit, comme on voit la situation, de laquelle vous commencerez un grand pas pour aller à vôtre ennemi, comme l'on peut remarquer dans cette quatriéme Figure. Elle avance le pied gauche devant le droit, élevant & portant son Epée, en avançant la main la premiere, au devant de soi, en tournant la main de Quarte, éfaçant fort le côté gauche, roidissant les deux jambes, sur tout sans les ployer, crainte de perdre ses forces, parce que le corps étant à plomb sur la jambe de devant, quand même vous seriez surpris en marchant à grand pas, vous seriez en état de vous deffendre, de même que si vous étiez

étiez en garde. Mais ceux qui auront un peu de connoissance des Armes, ne le feront pas dans la mesure; car en avançant l'autre pied, vous vous trouveriez trop près de vôtre ennemy. La Figure cinquiéme represente la garde que l'on doit tenir d'ordinaire pour attaquer & pour se défendre. C'est dequoy je vous instruiray cy aprés.

C'est donc de cette premiere Planche & de ces cinq Figures que je tireray mes premiers principes, en faisant faire réiterer plusieurs fois ces mouvements qui font la fermeté entiere du corps; & c'est à quoy principalement tous les Maîtres doivent s'étudier, comme étant la plus importante leçon que nous devons observer, & ce que l'on doit appeller veritable principe. C'est pourtant à quoy la plûpart ne font aucune reflexion, & en quoy ils font condamnables; puisqu'il est impossible de tirer un bon succez d'un corps qui n'aura pas eu ces veritables principes. Il est arrivé de grands accidens à beaucoup de gens en se battant, qui n'étoient point fermes sur les jambes: Et il est certain que plusieurs Maîtres ne mettent seulement en garde & les font pousser aussi tôt, sans leur montrer à marcher ny à faire aucun mouvement. Il suffit pour eux que l'Ecolier pousse toûjours. Au lieu de luy montrer à marcher sur les mêmes lignes, ployer, comme j'ay dit, en avant & arriere; & par ce moyen acquerir la facilité de l'attaque & de la retraite. J'ay souvent vû venir dans ma Salle des gens qui dans la retraite se retiroient en sautant sur la jambe gauche seulement, & levant la droite en l'air, ce qui faisoit qu'ils tomboient d'un autre côté, & sans aucune fermeté, n'ayant pas appris ces principes; qui néanmoins poussoient assez bien leur botte: mais ils ne pouvoient se remettre en garde.

Je mets donc en garde ma cinquiéme Figure de cette maniere pour l'expliquer. Son corps, comme l'on voit, est situé en arriere, se reposant sur la jambe gauche qui est un peu ployée; le genouil plus en dehors qu'en dedans, & la pointe du pied gauche droite en ligne traversante; la jambe droite toute étenduë, & qui ne porte rien, & le pied droit en ligne directe; son talon regarde l'œil du soulier gauche, à la distance de deux semelles & demye, ou environ, l'un de l'autre. Plusieurs font mettre les deux talons sur une mesme ligne. Ce que je ne puis approuver, & la raison en est sensible; c'est que les talons du droit & du gauche sur une même ligne, n'ont aucune force, ce que l'on peut éprouver sur le champ. Au contraire le talon droit estant en ligne directe de l'œil du soulier gauche, il est dans toute sa force; d'autant que la force du pied n'est pas au talon, mais elle commence à l'œil du soulier, & va jusqu'à la pointe. Le talon droit répondant au fort du pied, l'on en doit estre plus ferme sur les jambes. Vous y voyez la hanche droite cavée, c'est ce qui donne plus de force pour pousser le coup avec vitesse, & la main gauche prés du corps, & non pas éloignée, comme il y a des Maîtres qui le montrent. La raison est que ma main gauche estant éloignée de mon corps, c'est comme un membre perdu, & estant tendu dans cet éloignement, il fait ouvrir le côté gauche, & oste la force au bras droit. Mais estant prés du corps, toutes les forces se réunissent, & toutes ces parties estant ramassées ensemble feront dans l'occasion partir le coup avec une plus grande vitesse; outre qu'on en est bien mieux couvert, tenant bien l'Epée devant soy, le bras droit estant à demy étendu pour avoir plus de liberté: Mais en poussant qu'il le soit tout-à-fait, même aprés avoir poussé, & en se remettant en garde, parcequ'il est encore dans la mesure. Que la main droite soit tournée demy-tierce, les ongles vers la terre; d'autant qu'en parant l'on n'a qu'à tourner la main demy-quarte, l'on parera les coups poussez tout droit de Quarte dans les Armes, du tranchant de son Epée. Comme aussi, si l'on veut pousser de Quarte ou de Tierce, cela donnera plus de facilité à pousser son coup, parceque le mouvement du poignet tourné de Quarte ou de Tierce,

dans

Les veritables principes de l'Espee seulle.

dans le moment porte son coup avec plus de vitesse. Il ne faut pas avoir le coude gauche bas, il le faut plustôt élever. La raison est que lors que vous vous déterminez pour vouloir pousser vostre coup, le coude bas fait retirer le corps en arriere; ainsi vous n'avez plus tant de mesure, ny le coup tant de force: Mais l'élevant lors que vous poussez vostre botte, le bras gauche ne tombe point, & n'attire point le corps en arriere, & est seulement étendu tout droit. C'est de quoy nous parlerons plus amplement dans son lieu.

CHAPITRE QUATRIEME.

Où il est parlé de la Parade, du fort de l'Epée au dedans des Armes; de la maniere de pousser de Quarte aussi au dedans des Armes; du coup qu'il faut à cette Parade, que l'on nomme coup coupé, ou demy-botte: Des Retraites, & de la Mesure.

Dans les deux premieres Figures que vous voyez, l'une pare, & l'autre pousse. Je fais parer la premiere de Quarte au dedans des Armes. Cette Figure est en garde ordinaire. L'autre pousse de Quarte au dedans des Armes, le long de l'Epée dans toute son étenduë. Elle est allongée dans une distance raisonnable, & qui ne perd point ses forces, selon les régles. Il faut donc que le corps soit un peu panché en avant, la teste en ligne directe du fort de l'Epée, aussi un peu panchée en avant, gagnant par ce moyen plus d'un pied de mesure. Cette action est la plus naturelle & la plus ferme. Que le pied gauche soit tout plat à terre, sans le coucher, ou du moins qu'il le soit fort peu; la jambe & la cuisse gauche élevées; & par ce moyen le corps sera toûjours ferme sur la terre, le pavé & les lieux les plus glissans. Et non pas comme beaucoup qui font mettre le corps droit au milieu des deux jambes affaisé & ployé presque jusqu'à terre: Ainsi rien ne porte le corps, puisqu'il n'est ny sur une jambe ny sur l'autre. Mais les plus grands défauts sont d'avoir le pied gauche couché tout-à-fait à terre, la teste droite, la main droite fort élevée, & la main gauche fort baissé le long de la cuisse, lorsqu'il pousse de Quarte. Il ne faut que la raison naturelle pour faire voir ces manquemens dans les Armes, pour la Quarte & pour les autres coups. La premiere raison est que le corps estant droit, n'atteindra pas si loin que s'il étoit ployé en avant, & ne sera pas si ferme que s'il étoit posé sur la jambe droite, qui est en cette occasion le pillier qui soûtient le corps, & a aussi plus de force. Le pied gauche couché ne vaut rien, ou bien il doit l'être fort peu. La raison est que la situation en est plus naturelle & plus ferme, tout plat. L'on me dira qu'il y a plus de mesure lors qu'il est couché. Je feray voir le contraire par ces mêmes raisons, en l'experimentant, à ceux qui en auront la curiosité. La teste ne doit pas être droite, elle est plus en danger d'être frappée, que lors qu'elle est panchée, d'autant que cette longueur depuis le haut de l'épaule, jusqu'à la teste, donne une découverte fort grande. L'on me dira que l'on se couvre la teste du fort de son Epée, en élevant le bras & le poignet droit de Quarte bien haut. Je repondray à cela, qu'élevant le bras si haut, les forces sont perduës: Ce qui fait aussi élever le coup, & est cause que la
plû-

pié part n'adjuſtent pas en pouſſant ; & pour lors ne rencontrant point l'Epée de leurs ennemis, le coup ſe perd en l'air, & va par deſſus la tête, ou quelquesfois au viſage. Le bras élevé n'eſt plus dans ſon centre, qui eſt la hauteur de l'épaule. Il faut un peu incliner la tête, afin que le bras ait toute ſa force, plû-tôt que de l'élever. Quelques-uns font baiſſer le bras gauche & la main. Mais j'avertis que c'eſt une trés-grande faute, d'autant que c'eſt un poids qui attire le corps en arriere, & lui fait perdre toutes ſes forces & ſa meſure, comme j'ay vû des Figures dans des Livres precedens. Que le bras droit ſoit à la hauteur des deux épaules, & que dans la même ligne le bras gauche ſoit tout étendu, pour être dans ſa force, la jambe gauche, comme j'ay dit, roide & un peu élevée : C'eſt ce qui donne la force au bras droit pour pouſſer le coup avec plus de viteſſe, & il n'a plus droit au corps, en baiſſant un peu la pointe & élevant le fort de l'Epée.

La botte étant pouſſée de Quatre dans les armes, comme j'ay dit, la parade étant faite comme vous la voyez, qui eſt du fort de l'Epée, en étendans le bras, il ne faut pas quitter le fer ; mais y oppoſer le bras gauche, en cas que l'on voulût tourner la main de Seconde. Ce ſera la maniére de parer cette botte, comme je dirai dans la ſuite. Je n'approuve pas que le bras ſoit étendu pour cette parade, d'autant que l'on eſt beaucoup découvert deſſous la ligne du bras : mais au contraire, pour bien parer cette botte, ce ſera en racourciſſant un peu le bras & baiſſant un peu le poignet, & rencontrant l'Epée de l'ennemi on la fera baiſſer plus bas que le coup pouſſé, & hors de danger de recevoir au ventre.

Dans cette Planche je ſuppoſe qu'un homme aura paré, comme font pluſieurs, en élevant le coup, comme on le voit, & l'ayant remarqué, aprés luy avoir pouſſé cette eſtocade de Quarte, vous pourrez faire vôtre retraite en lâchant le pied droit derriere le gauche, l'Epée tout à fait devant vous, le bras étendu, puis vous vous retirerez hors de meſure, crainte de la riſpoſte. Cette retraite m'a paru trés excellente, quoi qu'il y en ait qui ſe ſervent de pluſieurs autres manieres, comme d'aprocher le pied gauche, aprés avoir pouſſé, & puis lâcher le pied droit derriere, & enfin le pied gauche, pour ſe retrouver en garde. D'autres font ſauter en retirant un peu le pied droit, & par un autre temps ſautent les deux pieds enſemble, & font un grand mouvement qui leur fait perdre leur garde & leurs forces. La premiere eſt la pluſieure, d'autant qu'étant allongé, il n'y a, comme j'ay dit, qu'à lâcher un pied & puis l'autre ; & par ce moyen vous ne vous ôtez jamais de garde, & avez l'Epée toûjours devant vous, ſans quitter jamais la terre, & par conſequent toûjours ferme & ſur vos pieds. La ſeconde n'eſt pas ſi mauvaiſe que la derniere, quoi que ce ſoit ôter la fermeté du coup en pouſſant, ſi l'on approche le pied gauche. La derniere eſt la moindre, d'autant qu'en ſautant vous perdez la terre, vous faites de grands mouvemens pour vous élancer dans vôtre retraite, de ſorte que vôtre Epée n'eſt plus devant vous : Outre qu'ayant de l'âge, & n'ayant pas toute la diſpoſition, il ſera fort difficile de ſauter hors de la meſure, & même ſur le pavé. Je conſeille de s'en tenir à la premiere.

La retraite étant faite, vous marcherez un grand pas naturel, comme j'ay dit dans le troiſième Chapitre, qui eſt un pas du pied gauche devant le droit, & enſuite le droit devant le gauche, en cas que vous ſoyez éloigné de la meſure. Si vous n'en êtes pas ſi éloigné, vous ne ferez qu'un petit pas ſeulement pour ſerrer la meſure ; Il ſe peut faire de trois maniéres. La premiere ſera de lever doucement le pied droit en avant, & l'avancer environ d'une ſemelle, & faire ſuivre le pied gauche, le corps en arriere ſur la jambe gauche ployée. L'autre ſera en avançant un peu le pied droit. Si

vôtre

Parade du fort au dedans des armes. Le coup qu'il faut a cette parade.

D'ARMES. 11

vôtre ennemi reculoit dans ce tems, vous pourriez en faire encore un autre, sans démarer le pied gauche, qui est que vous sentant assez proche, vous tirriez le pied gauche le plus vite qu'il vous sera possible; & toujours le corps sur la jambe gauche, pour entreprendre aussi-tôt & faire ce que vous jugerez à propos selon les mouvemens de l'ennemy. L'autre est en avançant le pied gauche près du droit, sans que vôtre ennemi s'en apperçoive, pour avancer aussi-tôt le droit & être prêt à l'executer. L'on peut facilement par ces manieres dérober la mesure; étant chose de consequence de le sçavoir bien faire. Aussi-tôt que les Epées se touchent, éloignant le corps en arriere sur la jambe gauche, l'on est en mesure. Ce sera donc à vous de prendre garde de n'y pas trop entrer, à cause du danger. Vous la pourrez connoître par vos ces moyens. Mais pour y entrer raisonnablement, il faut que les Epées se croisent d'un bon pied. Je présuppose qu'ayant fait ces démarches, on doit être en mesure. Ayant donc remarqué que son ennemy a paré du fort de l'Epée, lors qu'on lui a poussé, comme je l'ay dit, il faut qu'on lui pousse une demy-botte le long de son Epée, de même que si on lui vouloit donner le coup premier. Que cette demy-botte se fasse en battant fortement l'Epée ennemie, levant le fort & s'en couvrant la tête; car l'ennemy peut pousser en ce temps, & ayant levé la main & baissé la tête, on sera hors de danger. Par ce moyen on l'obligera de se découvrir d'avantage dessous les armes, en battant l'Epée ferme. Il ne faut point trop avancer le pied droit en commençant vôtre coup. Que le corps s'éloigne en arriere en battant. Cette representation bien faite du coup precedent, l'ennemy croira que c'est le veritable coup que l'on pousse, & ne manquera pas de retourner à la même faute, & voudra élever son fort en parant; c'est dans ce tems qu'il resiste au fer. Alors sans faire aucun mouvement de poignet vous devez laisser tomber le coup, en coupant sous la ligne du bras de Quarte; puisque j'ay dit qu'il ne falloit pas tourner le poignet autrement que comme il est marqué. Mais il faut porter le pied hors la ligne; ce qui fera que vôtre corps ne se trouvera pas dans la ligne de l'Epée ennemie, & par ce moyen vous éviterez de recevoir de même temps. Ce n'est pas assez que de donner ce coup, il faut chercher les moyens d'une bonne retraite: Ce sera que le coup étant poussé, & étant dans la posture que vous voyez marquée en la Planche, vous releverez vôtre Epée à celle de vôtre ennemy, en dehors des armes, & engagerez son Epée de Tierce, & ensuite releverez vôtre corps & ferez vôtre retraite, étant assuré de l'Epée ennemie; ou bien ayant retiré vôtre corps & vous mettant en vôtre garde ordinaire, vous pouvez vous découvrir dans les armes, en cas qu'il voulût vous pousser à cette découverte, pour risposter le long de l'Epée, sans la quitter, & revenir à l'Epée, & en toute asseurance ferez vôtre retraite, comme je l'ay marqué cy-devant.

B 2 CHA-

LE MAITRE
CHAPITRE V.

De la Parade de la pointe ou du foible au dedans des Armes, & des Dégagemens.

APrés avoir parlé du coup poussé de Quarte au dedans des armes, & de la parade du fort, nous parlerons présentement du foible au dedans des armes. La parade de la pointe ou du foible, est naturelle à tous ceux qui n'ont jamais appris, & par conséquent très dangéreuse pour ceux qui s'en servent, & fort difficile à corriger, donnant beaucoup de peine au Maitre dans l'instruction. Vous ne connoitrez jamais ceux qui en parent, qu'en leur poussant une estocade dans les armes de Quarte; d'abord ils ne manqueront pas d'y parer, comme vous voyez aux deux premiéres Figures, dont l'une pare, & l'autre pousse. Celle qui pare laisse tomber sa pointe pour en parer, & rencontrant la lame, fait baisser hors la ligne l'Epée de celle qui pare: C'est ce qui fait que l'on ne voit pas celle qui pousse tout droit de Quarte, dans la même situation qui est marquée dans la Planche cy-devant. Ayant remarqué cette parade, vous ferez vostre retraite, crainte de la risposte, & reviendrez au plus vite à la mesure ordinaire, qui est, comme je l'ay dit, par un grand pas estant éloigné, ou un petit, estant prest, pour serrer la mesure: Et dans cette mesure vous luy representerez le même coup cy-devant poussé, luy faisant le semblant de pousser, que l'on nomme feinte au dedans des armes, & ne toucherez pas sa lame. Dans le temps que la feinte est marquée, il faut tourner la main de Quarte, en dégageant, éloigner le corps en arriére. La raison est que la main de Quarte signifie mieux le coup précédent. Quand l'ennemy tireroit dans ce temps (ce qui se peut faire) il ne pourroit toucher, d'autant que le fort de vostre Epée est devant vous,

& vostre corps en arriére, qui rompt une partie de la mesure. En marquant la feinte, il faut aussi faire un petit battement du pied droit, mais ne le lever pas haut, comme beaucoup font, & perdent un grand temps. Ce sera pour mieux signifier le coup. Et dans le temps que l'ennemy viendra pour y parer, & qu'il voudra chercher le fer, c'est dans ce même temps que par un petit cercle de la grandeur d'un écu, que vous ferez autour de sa lame, vous dégagerez dessus les armes de Quarte, que vous pousserez de toute vostre étendue, comme il est marqué en la derniére action de cette Planche; ce que je trouve plus certain. Plusieurs font pousser de Tierce, mais il n'y a aucune régle qui nous y oblige absolument: car l'on pousse de Tierce ou de Seconde dessus les armes; mais ce n'est qu'à cause du même temps. Si vous y poussez de Quarte, & que vostre ennemy pousse en même temps, le corps estant tout droit, vous pouvez recevoir tous deux. Mais il n'en est pas de même dans cette action; car l'ennemy va à la parade, & il ne peut faire ces deux actions, de parer & de pousser: car dans le temps qu'il pare, l'on peut pousser de Quarte dessus l'Epée, comme il est marqué au coup porté de cette Planche, son Epée estant occupée à la parade. Il y en a mesme qui parent de la pointe, en la faisant aller jusqu'à terre. Ainsi il n'y a rien à craindre pour le mesme temps. De Quarte dessus les armes, est bien plus juste que de Tierce; c'est une ligne droite & difficile à parer, la Tierce est une ligne plus traversante & moins seure pour adjuster: quoi que je ne dise pas que ce soit une régle générale, revenant toûjours au principe, qui est

Parade de la pointe au dedans des armes.   Le coup qu'il faut a cette parade.

est de Quarte au dedans des armes, de Tierce au dehors des armes, & de Seconde dessous les armes, à cause du mème tems. Mais en cet endroit il n'y a aucun risque ni crainte du mesme temps, puis qu'il va à la parade. Si en marquant cette feinte, vostre ennemy ne va point à la parade, vous n'avez qu'à achever de vitesse le coup tout droit, ou s'il vous poussoit dans ce temps, vous pourriez encore parer & rispoter. Enfin vostre coup poussé, il sera bon de revenir à l'Epée, vostre fort à son foible, sans pourtant la forcer, puis faire vostre retraite, dont j'ay parlé ci-devant, pour entreprendre quelques autres coups, que je vais vous faire voir dans la suite.

CHAPITRE VI.

Où il est parlé des Temps.

C'Est une chose si difficile à prendre que les Temps, l'Epée à la main, que je ne conseille personne de s'y trop hasarder. J'estime mieux une bonne parade, ou un bon battement sec & tiré droit le long de l'Epée ennemie, sans oster la sienne de devant soy. Car de tirer sur les Temps, de prendre des dessous de mesme temps, toutes ces voltes faites mal à propos, cela n'est guéres en usage aux combats dont je parleray dans la suite. Je m'étendrois beaucoup sur ce Chapitre, mais comme j'ay résolu de ne parler que des choses essentielles, je diray seulement que c'est un jeu de Salle, où ces coups se pratiquent assez souvent, mais fort rarement l'Epée à la main. Il est pourtant nécessaire, selon ma profession, de vous en éclaircir. Par exemple, si l'ennemy fait feinte dans les armes pour tirer dessus, ce sera à vous à remarquer qu'il se découvrira dans les armes : Lors vous prendrez le temps en tirant tout droit de Quarte dans les armes, en soûtenant bien vostre coup. Si vous y rencontrez l'Epée ennemie, vous tirerez de vostre fort à son foible. Si c'étoit une feinte dehors des armes pour tirer au dedans, vous tirerez tout droit de Tierce, où il sera découvert, qui sera dessus les armes, encore du fort au foible, en y rencontrant l'Epée ennemie. Si l'on faisoit une feinte à la teste, il faudroit dans ce temps tirer dessous, en tournant la main de Seconde, qui sera l'endroit où il aura été découvert, & toûjours revenir à l'Epée ; généralement de toutes les feintes, doubles feintes, engagemens, tentemens, battemens, croisemens d'Epées, coulemens du pied gauche en avant, tant dedans, dehors, que dessous, enfin sur toutes les actions du corps, l'on peut fraper & être frapé. Ce sera à vous de vous attacher aux découvertes pour prendre ces temps bien à propos, & de tâcher de n'être pas surpris vous-même. Quand vous prendrez ces temps, que ce soit toûjours au pied levé, comme je diray au Chapitre des Passes. Mais, comme j'ai déja dit, attachez-vous plutôt à une bonne parade, à moins que vous ne voyiez de grandes découvertes de corps, de grands mouvemens, comme de courir en avant la teste la première, le bras racourcy. En ces occasions le jugement vous fera connoitre comme vous devez tirer : Car il n'est pas toûjours seur de donner sur les temps. C'est pourquoi un temps bien pris, est un fort beau coup ; mais peu de gens y réüssissent, d'autant que les mis en poussant partent du corps & levent le pied fort haut, ce qui retarde le coup, au lieu d'avancer la main la première. Les autres partent du mesme temps ; ce qui fait ordinairement qu'ils reçoivent tous deux. Ce qu'on appelle vulgairement coup

coup fourré. Vous ne manquerez donc pas, pour bien prendre ces temps, d'avancer, comme j'ay dit, la main la première, & que ce soit au pied levé de l'ennemy ; ce sera toujours le moyen d'y mieux réussir. Enfin pour obvier à tous les inconvéniens qui peuvent arriver sur ces risques, attachons-nous aux Parades, c'est le plus seur ; mais en parant, il ne faut pas éloigner l'Epée de devant soy : car l'on ne pourroit plus revenir à la parade. On peut aussi parer une feinte, même plusieurs, par la parade en forme de cercle, que j'expliqueray cy-après.

CHAPITRE VII.
De la Parade du fort dessus les armes, en élevant le coup.

APrés avoir parlé du dedans des Armes, il est à propos de parler du dehors des Armes. J'ay dit cy-devant que plusieurs gens paroient naturellement de la pointe dans les Armes, venons à ceux qui naturellement parent du fort dessus les Armes, en élevant le coup, & sont cause que souvent ils reçoivent au visage. C'est donc en cette Planche que je fais voir leur parade, & le coup qu'il faut donner en cette occasion. Vous voyez dans ces deux premiéres Figures, que l'une pousse, & l'autre pare. Celle qui pousse, le fait à dessein de reconnoître la maniére de parer de l'autre. Quand vous remarquerez que vostre ennemy pare du fort de son Epée, en l'élevant au dessus de la teste, se découvrant dessous les Armes, vous serez vostre retraite, pour revenir ensuite dans la distance accoutumée. Vous luy marquerez une feinte à la teste, & tirerez de Seconde dessous les Armes, où il s'est découvert, comme il est marqué dans la deuxiéme action ; puis vous ferez encore la retraite, pour faire ce que vous jugerez à propos, selon les défauts de vostre adversaire. Je ne parleray plus des maniéres d'avancer & de serrer la mesure, puis que ce que j'en ay dit, doit servir pour tout ce qui suit. Revenons à la maniére de pousser la botte marquée dans la premiére action.

Quand vous serez dans la distance raisonnable, vous luy pousserez de Tierce dessus les Armes. Plusieurs la font mal pousser, faisant trop baisser le corps, qui se lasse ainsi tomber dans l'espace des deux jambes ; & n'étant soutenu de rien, on est obligé de mettre la main gauche à terre, par la crainte que l'on a de tomber sur le nez. Ce qui est un très-grand défaut, puis qu'on ne peut avoir ny force, ny mesure, ny justesse, comme on peut éprouver sur le champ. Pour la bien pousser, il faut un peu baisser le corps ; il suffira que le fort de vostre Epée soit bien opposé à celuy de vostre ennemy, sans le trop baisser, afin de garantir le reste. Que le corps soit dans la ligne de la cuisse droite, pour être en sa force, étant soutenu de la cuisse & de la jambe, on n'est point obligé de mettre la main gauche à terre. La main & le bras gauche doivent être en ligne directe du bras & de la main droite. Etant tourné de Tierce, la gauche doit être de même. Et dans les coups la main gauche doit suivre les mouvemens de la droite. Si l'on pousse de Quarte, elle doit être tournée de Quarte ; & ainsi des autres coups. Autrement cela seroit un très-méchant effet, & une contorsion étrange, un bras étant tourné d'une maniére, & l'autre sens. C'est ainsi que je l'ay vû montrer à quelques Maîtres. Que la cuisse & la jambe gauche soient élevées, & aussi les reins, le plus que vous pourrez, sans néanmoins ôter le pied gauche, comme vous le voyez marqué : & non pas comme

e de quarte au dedans des armes au pied droit leué. Passe de tierce au dessus des armes au pied gauche leué

me des Figures que j'ay veües, qui avoient la cuisse & la jambe presque touchante à terre, & le pied gauche tout à fait couché. La mesure, la force, ny la justesse du coup, n'y peuvent jamais être de cette manière, & il faut s'en tenir à celle que je vous marque. Ayant rencontré en poussant l'Epée de l'ennemy, comme vous voyez, il n'y a aucun risque; & remarquant sa manière de parer, vous devez promptement vous retirer hors la mesure, & revenir faire la feinte à la tête, pour l'obliger à retourner à la même faute, qui se fait presque toûjours. L'on me dira qu'en faisant la feinte, je peux être pris sur le temps. Je répondray qu'il n'y a point de coup qui n'ait son contre-coup, comme je feray voir par la suite : Mais en cet endroit je le fais aller à la Parade, comme l'on voit en la Seconde Figure. Quand il a paré, en élevant en haut, vous luy ferez la feinte, ou le semblant de luy donner au visage, sans pourtant toucher son Epée. Vous baisserez un peu le corps, en faisant cette feinte. Dans le temps qu'il levera son Epée pour parer, il levera aussi le bras & se découvrira dessous les armes, c'est dans ce temps que vous dégagerez & luy porterez le coup sous la ligne du bras droit, en tournant la main de Seconde, baissant le corps, tournant le poignet & l'élevant un peu davantage qu'à la Tierce. On la nomme Seconde, parce qu'elle est d'un degré plus haut que la Tierce. La Prime est plus haute que la Seconde. Ce que j'expliqueray en son lieu.

Prenez bien garde que la main parte la première dans tous vos coups. Cela est si nécessaire, qu'il faudroit même que le coup fust porté au corps, devant que le pied fust levé, & le coup se-roit parfait. Prenez aussi garde de ne poser pas le corps & les jambes autrement que je vous ay fait faire cy-devant à la Tierce. Après avoir poussé vôtre coup, il faudra vous retirer de cette manière, pour être sans danger. Devant que de relever le corps qui est baissé, il faut s'asseurer de l'Epée ennemie, en faisant un petit cercle autour, pour la trouver de Tierce dessus les Armes; & s'en étant asseuré, vous releverez vôtre corps, & ferez vôtre retraitte avec asseurance, hors la mesure, & l'Epée bien devant vous. Si l'ennemy venoit pour vous poursuivre, quand vous vous retirez, vous pourriez le prendre sur le temps, en cas que vous vissiez de grandes découvertes. S'il vous poussoit, vous pourriez pour le mieux tâcher à parer, pour donner après la risposte. Il y a encore une autre manière de s'en aller, qui est qu'ayant poussé vôtre botte de Seconde, vous pouvez vous retirer sans revenir à l'Epée, en baissant la vôtre, le bras & l'Epée hors la cuisse droite, que l'on nomme Epée perdüe. Vôtre ennemi voyant cela, ne manquera pas d'aller pour trouver vôtre Epée qui est basse, dans le tems qu'il fait ce mouvement, ne souffrez pas qu'il la touche, dégagez dessus les Armes, car ce sera où il se découvrira. Vous pouvez même redoubler dessous, après vous être remis, en cas qu'il leve le bras, puis relever vôtre Epée à la tienne, comme je viens de dire, où vous découvrant dans les Armes, il viendra apparemment vous y pousser; ne manquez pas de donner la risposte le long de l'Epée, sans la quitter, en opposant la main gauche, comme je feray voir dans la suite. Ce qui est bon l'Epée à la main.

CHA-

CHAPITRE VIII.

De la Parade du foible ou de la pointe dessus les armes; & le coup pour cette Parade.

Plusieurs se servent de cette Parade, sur tout dans les Pays étrangers, comme je l'ay vû pratiquer, aussi bien que de la Parade en contre-dégageant, qui est que quand on leur pousse de Quarte dans les armes, lors que vous dégagez, ils contre-dégagent, & parent dessus les armes. De même, si vous leur poussez de Tierce en dégageant, ils contre-dégagent & parent au dedans des armes. Quand c'est de prés, ils ont peine à parer, à cause qu'ils dégagent dans le temps que vous leur poussez. C'est pourquoy ils recevront souvent, lors qu'ils voudront dégager, & le coup que l'on leur pousse va plûtôt au corps, dans le temps qu'ils dégagent, qu'ils n'ont songé à revenir trouver l'Epée. La meilleure Parade dessus les armes, est de tourner la main de Tierce, en baissant un peu le corps & le poignet à proportion, la pointe vis-à-vis le corps de l'ennemy, un peu élevée, afin que la Parade soit du fort à côté. De cette maniere la risposte est fort aisée à donner, d'autant qu'en parant, la pointe ne s'éloigne pas du corps de vôtre ennemy. Au contraire en parant de la pointe dessus les armes, comme il est marqué en cette Planche, vôtre Epée s'oste de devant vous, & fait une cavation au poignet dessus les armes, qui fait que le coup poussé avec vîtesse, entre plus aisément au corps. Ce qu'il faut faire à cette Parade de la pointe, est qu'ayant reconnu sa maniere de parer, par les moyens que j'ay marquez dans les autres coups cy devant, il faut toûjours pousser une Botte à dessein de la faire parer, qui est à cet endroit de Quarte au dedans des armes. La maniere de la pousser, & aussi comme il faut qu'elle soit située, est expliquée dans le deuxiéme & troisiéme Chapitre. Aprés vôtre estocade poussée, il faut s'en aller au plus vite, crainte de la risposte, puis revenir en la mesure ordinaire, & y étant vous lui ferez la feinte ou le semblant de pousser à l'endroit où il aura paré, tournant bien la main de Quarte, la pointe vis-à-vis l'épaule droite, le bras tout étendu, levant le poignet à la hauteur de la tête, pour être bien couvert, & le fort devant vous, en faisant un petit cercle de vôtre pointe autour de la pointe ennemie, vous lui representerez, comme si vous lui vouliez donner droit de Quarte dessus les armes, & battrez du pied droit, pour le mieux signifier, en tenant le gauche ferme, l'épaule gauche bien efacée, éloignant le corps en arriere sur la jambe gauche. Par ces manieres vôtre ennemy ne manquera pas de détourner sa pointe, pour parer, comme vous voyez en la premiere Figure ; c'est dans ce temps qu'il ne faut pas qu'il trouve vôtre Epée, par ce que vous dégagerez dans le même temps de Quarte au dedans des armes, & pousserez droit au corps. Si vous y rencontrez son Epée, vous soûtiendrez vôtre coup, & vous opposerez vostre fort à son foible. Car j'ay souvent remarqué que des gens ayant paré negligemment, leurs adversaires en soûtenant ferme, ne laissoient pas de donner le coup ; parce que la foiblesse & la negligence de leur Parade en étoient cause. C'est pourquoy il faut toûjours soûtenir ferme en poussant, même jusqu'à ce qu'on soit hors de mesure. Gardez-vous bien de ne point tant forcer l'Epée en poussant, car vous n'adjuiteriez pas ;

même

Parade de la pointe au dehors des armes.   Le coup qu'il faut a cette parade.

Flanconnade. Demie volte du corps.

mesme si l'ennemy dégageoit & pouffoit dans le temps que vous forcez l'Epée, vous pourriez recevoir le coup.

Aprés avoir pouffé, il faut fonger à fa retraite, qui fe fera comme je l'ay enfeignée, ou à fe remettre en garde ; qui fera de cette maniére. Il faut retirer vôtre corps le premier, le bras étendu, & l'Epée devant vous, puis retirer voftre pied droit, fans bouger le gauche, & par ce moyen vous ferez remis à voftre garde ordinaire. Vous vous découvrirez deffus les Armes, l'ennemy ne manquera pas de vous pouffer, & dans ce temps vous parerez de la maniére que j'ay dite dans le Chapitre cinquiéme, pour vous faire jour deffous les Armes, & y rifpofterez ; puis vous ferez voftre retraite. Vous pouvez auffi, fi vous le jugez à propos, parer à côté de Tierce, deffus les Armes, pour y rifpofter le long de l'Epée, deffus les Armes, fans la quitter ; puis vous ferez voftre retraite, aprés laquelle vous pouvez attendre voftre ennemy. En cas qu'il vous pourfuive dans ce temps, vous tâcherez de le prendre fur les temps, ou pour le mieux de vous attacher à la parade ; ce qui fera plus facile, parce que vous le verrez venir à vous. L'on me dira fur cette botte de Quarte, que dans le temps que l'on a pouffé, on peut prendre le deffous de mefme temps. Ce qui fe peut faire : Mais en cette occafion, comme j'ai dit, je fais aller l'ennemy à la parade ; par conféquent il ne peut faire deux actions, favoir celles de parer & de pouffer. Je parleray en fon lieu pour ceux qui prennent les deffous fur ce coup.

CHAPITRE IX.

De la Parade au dedans des Armes, en oppofant la main gauche : De la Flanconnade ; & du Coup nommé Demy-volte.

IL y a bien des fortes de Parades. J'en ay parlé dans le quatriéme Chapitre, touchant la demy-botte. Dans le cinquiéme Chapitre, fur la feinte dedans, & tiré deffus. Dans le feptiéme, fur la feinte à la tefte, & tiré deffous. Dans le huitiéme, fur la feinte dehors, & tiré dedans. Il me refte à faire voir dans ce Chapitre, comme je l'ay promis, la maniére de parer au dedans des Armes, en oppofant la main gauche. Ce qui peut fervir pour la deuxiéme & troifiéme Planche, étant une mefme parade pour le dedans des Armes. Pour la figure qui pouffe de Quarte dans les Armes, fa fituation eft de mefme que les autres qui pouffent de Quarte, finon que vous luy voyez fon Epée plus baffe, d'autant que celuy qui pare, par la force de la parade luy fait baiffer fon Epée, pour fe faire jour fous la ligne du bras. Cette parade fe fera du talon de l'Epée, en baiffant un peu la main droite, en oppofant la gauche au deffous de la droite, fans la quitter, finon ce ne feroit plus oppofition de main, ce feroit parer de la main. Il y a grande différence entre oppofer la main gauche, & en parer. Je parleray cy aprés des Parades de main. Son Epée ayant paré, fa main gauche vient au fecours. En cas que l'Epée ennemie faffe quelque ligne angulaire & traverfante, comme tournant la main de Seconde au dedans des Armes, on ne peut prefque parer autrement que par cette oppofition de main. Cela n'empêche pas que l'Epée ne pare & ne faffe fon effet, la main gauche n'étant que pour les lignes de Seconde. Si bien qu'il fera aifé de donner la rifpofte, comme vous voyez en cette Planche, principalement pour fes
coups

coups poussez au dedans des Armes. Cette risposte se donne sous la ligne du bras, en forçant un peu l'Epée, sans la quitter, & se donne au flanc comme il est marqué : C'est pourquoi on la nomme *Flanconnade*. Mesme vous y pouvez redoubler, tant que vous tenez l'Epée de vostre ennemy engagée par la vostre, & par la main gauche. Autrement, sans cette opposition, il pourroit vous frapper, sans être frappé, parce que dans le temps que vous vous opposez à l'Epée ennemie, sans opposition de main gauche, il n'auroit qu'à tourner la main en levant le poignet fort haut, de Prime ou de Seconde, & vous seriez touché. Pour vostre retraite, vous la pouvez faire Epée perdue, comme je vous l'ay expliqué cy-devant. Il est encore à remarquer que dans le temps qu'il voudra courir sur vous, comme il arrive souvent, vous pourrez faire la feinte où il se découvre, vous ne manquerez pas de l'arrêter, & il voudra parer dans le temps que vous luy pousserez ; mais il ne sera dans aucun état de le faire, d'autant que ses pieds ny son corps ne seront plus fermes, parce qu'il est en marche : ainsi il sera aisé de le surprendre. Plusieurs courent en avant pour obliger de faire tirer sur les découvertes de l'ennemy. Ils peuvent être frappez au premier temps ; mais il faut que ce soit avec grande vitesse, comme j'ay enseigné au Chapitre V. des Temps. C'est pourquoy je dis que l'Epée à la main, les parades sont meilleures, & tout à fait nécessaires pour l'occasion, Je ne puis trop le repeter.

Il y a encore deux Figures dans cette Planche, qui marquent un coup assez particulier, qu'il faut observer. C'est encore pour le dessus des Armes. Si l'on vient à vous pousser une grande botte dessus les Armes, de Tierce ou de Quarte, il n'importe, & que l'on veüille vous tirer du fort au foible, en forçant vostre Epée, vous ne resisterez pas à l'Epée de vostre ennemy ; mais plûtôt vous céderez à la force, en la quittant, & vous luy ferez comme vous voyez en cette Figure qui est pour l'expliquer. Vostre ennemy ayant poussé cette grande botte dessus les Armes, en forçant vostre Epée, vous laisserez tomber la pointe de Quarte dessous la ligne du bras droit de vostre ennemy, pour luy porter, comme vous voyez, en tournant le corps à demy, & piroüettant sur la pointe des pieds, pour faire une demy-volte, sans pourtant démarer d'une mesme place. Il faut aussi que les deux bras & les yeux soient tournez du côté de l'ennemy, le bras droit pour pousser, & le bras gauche pour opposer, en cas de cavation d'Epée, & les yeux pour regarder ce qu'il fait. Puis en repiroüettant, vous vous recouvrerez en vostre garde ordinaire, & tout prêt à éxécuter ce que vous verrez à propos, selon le mouvement de vostre ennemy, tant pour reprendre, parer, que risposter. Ce coup est particulier, & different de ceux qui voltent, comme je feray voir cy-après.

CHAPITRE X.

D'une maniere de Garde à l'Italienne.

IL y en a qui se mettent en garde le poignet tout à fait de Quarte, la pointe basse, les deux genoux pliez, le bras droit racourcy, comme vous pouvez voir en la deuxiéme Figure en garde. Celle que je luy oppose, est une garde approchante de la mesme. Le corps situé presques à l'ordinaire. Je luy fais baisser la pointe de son Epée, parce que quand nous avons une garde à combatre, il faut tâcher à l'imiter le plus qu'il est possible, afin d'être plus en état de s'en deffendre & d'attaquer.

Ils

Garde Italienne.   Le coup pour cette garde.

Ils tirent toûjours sur les temps, & ne parent jamais, qui sont, comme j'ay dit, des coups trés-périlleux : C'est pourquoy il n'y a rien qui les embarrasse plus que la mesme garde & la mesme posture. Celuy qui voudra se deffendre de cette garde, prendra donc la mesme posture, & étant dans la mesure & distance raisonnable, il tâchera d'attirer l'ennemy par des demy-coups, des feintes, des découvertes de corps, pour le faire partir ; & dans le mesme temps qu'il poussera son estocade, il ne faut pas manquer de parer & risposter le long de la ligne de son Epée, qui servira de guide pour aller à son corps, sans pourtant la forcer. Si c'est au dedans des Armes qu'il aura tiré, vous opposerez la main gauche, qui est d'un grand secours à ces sortes de gardes; car souvent aprés avoir poussé de grandes bottes tout droit de Quarte, ils tournent la main de Seconde : Et comme ils poussent aussi souvent de Quarte sur les Armes, cette demy-volte ne sera pas mauvaise, lors que vous la pourrez faire à propos. Quelquefois ils coulent un demy-coup dessus les Armes, en se découvrant au dedans des Armes, pour obliger à dégager & tirer de Quarte au dedans des Armes; & dans le temps que vous leur poussez, ils prennent le dessous. Gardez-vous de vous y abandonner, car c'est un appas pour vous surprendre : mais vous ferez plûtôt un demy coup qui ira presque jusqu'au corps ; & dans le temps qu'il prend son dessous, vous reviendrez au fer le long de la ligne de son Epée, en retirant un peu en arriére le corps & le pied droit, sans bouger le gauche, & baisserez la main droite, en y opposant la main gauche, vous parerez du talon ou du fort de vostre lame, & risposterez aussi-tôt le long de son Epée, sans la quitter, en poussant droit au corps de l'ennemy, que vous trouverez encore baissé : Ce qui fait que souvent ils reçoivent au visage, parce qu'ils demeurent au bout de leur coup, & y ayant épuisé toutes leurs forces, ils ne peuvent se remettre ny parer.

Pour finir ce Chapitre & ce qui regarde cette Planche, il reste à faire voir le coup suivant, qui se donne le plus souvent à ces sortes de gardes, dont la pointe est délicate, parce qu'ils tirent & dégagent d'abord que vous touchez leur Epée. Ce coup sera que tenant la mesme garde de l'ennemy, vous couserez un petit pas, & trouvant son Epée, vous l'engagerez au dedans des Armes, en baissant vostre pointe le long de sa lame, entrant un peu dans la mesure ; vous ferez sans vous arrêter un cercle autour de son Epée, sans la quitter, & à mesure que vous acheverez ce cercle, vous tournerez le poignet de Seconde dessous les Armes, & pousserez vostre coup jusqu'au corps, en soutenant bien la main. S'il dégage dans ce temps, vous ne laisserez pas d'achever le coup de même qu'il aura été commencé, & il sera encore plus aisé à luy donner. Si aprés avoir donné, il vouloit reculer le corps, vous pourriez passer le pied gauche, pour serrer davantage la mesure, & finiriez vostre coup par le saisissement d'Epée, comme il est marqué en la treiziéme Planche, & comme je l'expliqueray. S'il avançoit le corps, son Epée au devant, vous pourriez saisir la garde de la maniére que vous verrez cy-aprés. S'il demeuroit, vous pourriez, aprés avoir donné le coup, faire vostre retraite, pour faire ce qu'il seroit à propos, selon ses démarches & ce que vous en pourriez juger.

C 2   CHA-

LE MAITRE
CHAPITRE XI.
Des Parades de main.

IL y en a de tant de sortes qu'un Livre fort gros ne les pourroit contenir, d'autant que naturellement tous les hommes veulent éloigner avec la main les coups qui les menaçent. Pour faire voir les plus ordinaires, je commenceray à faire distinction entre les Parades de la main gauche, & les oppositions de main gauche, dont peu de gens connoissent la différence. L'opposition de main gauche, comme j'ay dit dans le Chapitre V. & marqué dans la cinquiéme Planche, au coup de Flanconnade, est que l'Epée ayant fait son effet en parant, il faudra aprés y joindre la main & le bras gauche, en cas que l'Epée ennemie vienne à y former des lignes angulaires & traversantes; car alors l'Epée ne seroit pas capable de les parer, à moins que de volter du corps: ce qui seroit fort perilleux, comme je le feray voir. C'est pourquoy on a trouvé à propos cette opposition, quoyque peu s'en sçachent servir. Je traiteray en ce Chapitre de deux sortes de Parades de main: La premiere sera en abaissant le coup par en bas; & l'autre est en élevant & jettant le coup par dessus la teste. L'un & l'autre sont trés-dangereux, parceque l'on a vû souvent dans des combats, que l'on perçoit la main de celui qui vouloit en parer, jusqu'à l'attacher au corps. Ainsi cette maniere de parer est trés perilleuse, comme je vais le faire voir, parcequ'on neglige toûjours la parade de l'Epée, pour se servir de la main. Par exemple, j'ay affaire à celui qui pare de la main en baissant le bras. Il se met en garde la main droite fort basse & demy-tierce, l'Epée droite, que l'on nomme de Quinte, comme il est marqué en cette Planche. Il a l'épaule & la main gauche fort avancées, & par consequent se découvre beaucoup le corps, à dessein que l'on lui pousse droit, pour y parer de la main. Il faut prendre garde d'y pousser, mais bien en faire la feinte, en avançant beaucoup la main, & en tournant le poignet de Quarte. Que le coup se represente droit à la hauteur de la cravatte, & aille presque au corps, sans pourtant vous abandonner. L'ennemi voyant ce demy coup venir, ou ce semblant de pousser à cette découverte, ne manquera pas de vouloir parer de sa main gauche; c'est dans le tems qu'il pare, que vous dégagerez vostre Epée autour du bras gauche, & lui tirerez tout droit de Quarte par dessus son bras gauche, & lui donnerez à la hauteur de la cravatte. Vous réüssirez bien de cette maniere, en opposant vostre main gauche, comme vous voyez en cette Planche, aux deux premieres Figures. Si vous vous trouviez surpris d'un même tems, vous n'auriez qu'à baisser vite vostre Epée, & vous opposer à la sienne, en opposant aussi la main gauche. Vous pourrez rispoter en tournant la main & l'élevant de Prime, c'est à dire, que vostre poignet soit au dessus de la teste, & la pointe à l'estomac, qui est le coup le plus haut des armes, & qui se pousse de haut en bas. Il faut tourner la main davantage que de Seconde, comme il est dans la Planche du coup de l'Epée à deux mains. L'on pourra faire aprés la retraite, & si l'on estoit trop prés, l'on pourroit passer le pied gauche dans la même posture, & venir au saisissement dont je veux vous parler dans la suite.

L'autre parade de main, est qu'en poussant droit au corps, ils jettent le coup par dessus la teste avec la paûme de la main, &

Parade de main.

Coup donné a ceux qui parẽt en abaiss.t le bras   Coup doné a ceux qui parẽt en esleuant le bras

Parade de l'espée que l'on tient des deux mains.   Le coup qu'il faut donner.

& peuvent par ce moyen parer le coup pouſſé, & donner aprés au corps, faiſant écarter l'Epée de ſon ennemy de devant lui. Ils ſe mettent en garde comme à l'autre parade de main, & comme vous voyez, l'Epée baſſe, hors que la parade eſt differente. Celle-cy jette le coup pardeſſus la teſte, & l'autre l'abaiſſe. Il ſera aiſé de voir cette maniere de parer ſans rien hazarder, qui eſt, comme je l'ay dit à l'autre parade, de pouſſer à l'ennemy un coup qui n'aille pourtant pas juſqu'au corps. En voulant parer, il ne manquera pas de vous faire voir ſa maniere de parade ; ce qu'ayant remarqué, vous vous retirerez hors la meſure, & aprés vous reviendrez lui repreſenter le coup precedent, qui ſera de Quarte, en lui faiſant feinte de pouſſer. Il ne manquera pas de vouloir lever le coup en haut, avec ſa main gauche ; vous lui dégagerez dans ce temps, en tournant autour de la main, & lui donnerez par deſſous ſa main gauche (de laquelle il aura voulu parer) en pouſſant de Quarte tout droit à la hauteur de la cravatte, & pouſſerez ferme vôtre eſtocade juſqu'au corps, en oppoſant la main gauche, comme vous voyez en la deuxiéme action de cette Planche : Car dans toutes ces ſortes de coups elle y eſt trés-neceſſaire. Aprés avoir donné, faites vôtre retraite ; & ſi vôtre ennemy courroit en avant, ne le prenez pas ſur le temps, mais faites-y toûjours la feinte à la main, comme j'ay marqué : Ce qui eſt trés-bon. Il y a encore autre choſe à craindre dans ces ſortes de Parades ; car il y en a qui parent de leur main gauche, & pouſſent de même temps : mais il ſera aiſé de s'en garantir. En marquant un temps ou demy-coup, pour les faire partir, vous verrez d'abord les actions des deux bras ; alors vous ferez un battement ſec à leur Epée, & tirerez tout droit de Quarte, le long de la ligne. Ce battement vous ſervira de Parade, & eſt fort ſeur. Enſuite vous ferez vôtre retraite.

CHAPITRE XII.

De ceux qui tiennent l'Epée avec les deux mains.

IL y en a qui ſe mettent en garde en tenant leur Epée avec les deux mains, ſçavoir la poignée de la droite, & la lame de la gauche, comme l'on peut voir en cette Planche. Ils parent tous de la pointe ou du foible de l'Epée, en découvrant le corps en avant. Si on leur pouſſe au dedans des armes, ils parent auſſi de la pointe, & ſe découvrent deſſus les armes. Si on leur pouſſe deſſus les armes, ils ſe découvrent beaucoup au dedans des armes, à cauſe de leur grand mouvement en parant. Ils diſent pour leur raiſon, que lors qu'ils ſe mettent en cette garde, ils en ont plus de fermeté & de force en parant, par ce qu'ils parent ſec ; & ils ſe font faire beaucoup de jour pour pouſſer enſuite avec plus de viteſſe & plus de meſure. Aprés cette parade, ils partent tout d'un temps droit au corps, en lâchant leur main gauche derriere, & portent la botte. Ils ont le corps beaucoup en avant. Ils ployent le genoüil droit, & roidiſſent le gauche, afin d'être plus prêt à partir : Mais il eſt aiſé de leur donner, d'autant qu'ils ont tout le corps en butte & prés de la meſure. En attaquant ces ſortes de gardes, il faut éviter de trop entrer dans la meſure ; car ils engageroient vôtre Epée, que vous auriez peine à dégager. S'ils viennent pour chercher vôtre lame par de grandes découvertes, en la voullaut forcer, ne vous la laissez pas toucher, & dégagez dans ce temps de l'autre côté. Ayez la pointe fort delicate. S'ils vouloient la chercher au dedans des armes, dégagez dessus en élevant le poignet de Seconde. S'ils la cherchent dehors les armes, dégagez dedans en tournant la main de Prime, du haut en bas, comme il est marqué en cette Planche, au coup paré, & au coup poussé. Pour les surprendre encore, il faut leur faire une feinte ou semblant de pousser à l'endroit où ils parent le plus : Voyans cette representation, ils ne manquent jamais de se découvrir beaucoup, c'est dans ce temps qu'il faut de vitesse leur allonger vôtre estocade, de la maniere que je viens de l'enseigner, pour le dedans & le dessus des armes, au premier de Prime, & à l'autre de Seconde. Il est encore à observer qu'il faut dans tous ces coups, que la main precede toujours le pied ; car ce n'est pas le pied qui donne, c'est la main : Et par ce moyen tous les coups seront parfaits.

Ces repetitions vous paroîtront ennuyeuses, mais je ne puis les retrancher, étant une des maximes pour l'Exercice la plus necessaire. En un mot c'est le secret generalement pour tous les coups.

Vous voyez dans cette Planche, comme cecy est representé. Dans la premiere, c'est celuy qui pare ; & l'autre action est le coup donné de Prime au dedans des armes. Vous voyez les situations des corps bien representées. Celuy qui donne de Prime, éleve les reins fort haut, pour être dans toute sa force, le poignet élevé, pour se garantir du même temps, le pied gauche ferme à terre, pour songer à une bonne retraite, après le coup donné, ou à passer au besoin ; & toute cette étendue ne fait qu'une ligne, depuis la tête jusqu'au talon gauche, le long des reins. La tête & le bras droit font aussi une même ligne, soûtenus par la jambe droite, dont le genouil est ployé dans l'état naturel, qui répond à la pointe du pied, en ligne droite, & selon la régle, & dans toutes ses forces, pour faire ce qui peut être à propos, comme de passer au besoin & saisir la garde ; & non pas comme j'ay vû en certains Livres des Figures qui étoient trop allongées hors de forces, après avoir poussé. J'en ay fait voir les deffauts.

CHAPITRE XIII.

De quelques sortes de Gardes Allemandes.

IL est à propos de vous entretenir d'une garde dont j'ay vû souvent se servir dans les pays étrangers, sur tout en Allemagne & en Hollande, où j'ay fait plusieurs assauts avec les Maîtres les plus distinguez. Plusieurs qui ont fait des Livres sur les Armes, n'en ont point parlé. Je ne crois pas que ce soit faute d'experience : Mais je ne trouve pas que ce sujet doive être negligé. J'ay déja parlé de leurs manieres de parer, & même de pousser en contre-dégageant ; je diray icy en passant, que leurs contre-dégagemens en poussant sont les meilleurs. Dans ce Chapitre je feray voir leur garde, leur maniére d'attaquer & de se défendre, & aussi la maniére de les attaquer & de s'en défendre.

Cette garde paroit fort embarrassante à ceux qui ne l'ont pas pratiquée ; mais je vais en instruire ceux qui n'en ont aucune connoissance. Elle est toute diférente des nôtres. Ils se mettent le corps fort avancé, le reposant sur la jambe droite, la reste aussi en avant & plus basse que le poignet, en sorte qu'ils sont tout couverts du fort de leur Epée ; la main tournée de Prime, ou fort de Seconde, leur pointe fort

Garde Allemande.   Le coup a cette garde.

fort basse, le genouil droit ployé, & aussi le gauche; la main gauche fort avancée sous la ligne du bras droit, pour s'en servir à parer; quand on leur pousse dessous les Armes de Seconde; & ne manquent pas, aprés cette parade de main, de donner leur coup du haut en bas, de Prime dans les Armes, ou quelquefois dessus. Il faut que la pointe baisse, & que le poignet soit au plus haut. Ils ne se tiennent que sur la pointe du pied gauche, toute leur force étant en avant, & prétendent qu'ils en ont plus de liberté, & leur pointe d'Epée plus délicate pour le dégagement. Il est vray qu'ils savent bien se servir de cette garde. On a peine à trouver leur Epée: Ce qui fait qu'il faut avoir beaucoup de ménagement avec eux. Ils tirent souvent sur les temps, mais ils ne peuvent pas beaucoup s'allonger. La raison est que le corps étant en avant & se reposant sur la jambe droite, il fait un fardeau; ce qui cause qu'ils ne peuvent pas porter le pied plus loin que d'une semelle, & leurs coups d'ordinaire, quand ils portent, ne touchent de la pointe que fort peu, parce qu'ils ne peuvent tirer de longueur. Ils disent que, lors que nous leur allongeons de grandes bottes, & qu'ils parent, nous leur faisons leur mesure, & par conséquent ils n'ont pas besoin de tant s'allonger. Ils ont raison pour les coups du rispofte, mais pour l'attaque il faut toûjours tâcher d'allonger de plus loin que l'on peut, sans pourtant lever le pied haut, au contraire en poussant il faut que ce soit toûjours à rez de terre; autrement cela retarderoit tout à fait le coup. Mais sur tout la main la première. Ce que j'établis toûjours comme le premier principe. Et non pas comme plusieurs qui font tout partir à la fois. Ils se trouvent si souvent embarrassez dans l'Epée ennemie, qu'ils ne savent comment se dégager; car le pied étant avancé, & le coup n'étant pas donné, cela fait souvent retirer le bras, aprés être allongé, parce qu'on se trouve trop prés. Ils parent beaucoup de la main, & poussent en même temps qu'ils parent. Ils reviennent aussi-tôt chercher l'Epée, & même la forcent beaucoup.

Pour s'opposer donc à ces gardes étrangéres, il faudra que ceux qui voudront s'en défendre, commencent par prendre leur même garde, si faire se peut. C'est ce que la plûpart des Maîtres ne montrent pas aux Ecoliers, ou par négligence, ou parce qu'ils ne le savent pas. Il y a des Maîtres assez hardis pour se vanter de savoir des bottes secrettes; mais la plus secrette, c'est le temps de l'exercice & l'expérience qui nous en apprend tous les secrets. Si un Maître dit qu'il fait un bon coup, qu'il peut donner quand il luy plaira, il faut qu'il en sache plusieurs; car le coup qui sera propre à une garde, ne sera pas propre à l'autre. C'est pourquoi il faudroit qu'un Maître en sçeut plus de cent, pour toutes les gardes différentes. Ainsi ne vous arrêtez jamais à ces discours de Vray Charlatan & d'ignorant. J'ay vû plusieurs fois des Gentilshommes qui me disoient avoir donné dix pistolles pour une botte secrette: Et quand j'ay vû ce que c'étoit, je leur ay fait voir qu'on les avoit trompez, & que ce secret étoit sans raison & sans fondement. Revenons à ma Planche. J'oppose à cette garde, une situation approchante, mais avec plus de liberté, comme vous pouvez voir aux deux premiéres Figures. Je luy fais opposer son Epée à celle de son ennemy, au dehors des Armes, la main droite tournée en dessous, la pointe basse & croisant l'Epée de l'ennemy. Pour luy donner le coup convenable à cette garde, vous dégagerez en faisant un cercle au dedans des Armes, tournant le poignet de Quarte, où vous vous trouverez encore opposé à son Epée: Vous entrerez par un petit pas dans la mesure, en gagnant le fort de son Epée, & vous y opposerez la main gauche. Dans ce même temps vous allongerez une grande botte, du fort à son foible, tournant bien la main de Quarte, droite à l'estomac, à la hauteur de la crayatte. Ainsi il ne pourra parer de sa main

main gauche, d'autant que vous en aurez pris les défauts, renant son Epée engagée. Dans cette posture vous pourrez réiterer deux ou trois fois le même coup, dans la même ligne, sans quitter l'Epée ; puis ferez votre retraite. Vous voyez le coup donné, dans la deuxième action de cette Planche. Il y a encore à observer qu'ordinairement ceux qui se servent de cette garde, entrent beaucoup dans la mesure ; c'est pourquoi dans le temps qu'ils marchent, vous pouvez dégager, en tournant bien la main de Quarte au dedans des Armes ; & tirer ferme au corps ; toûjours la main gauche opposée. Dans cette garde ils levent souvent la pointe de leur Epée : C'est dans ce temps qu'il faut leur tirer sous la ligne du bras droit, en dehors, d'autant qu'ils ont peine de parer, à cause qu'ils ne peuvent porter leur bras gauche si loin ; & par conséquent ils reçoivent fort souvent. Ils font aussi beaucoup de feintes : Ce sera à vous à en profiter, comme je vous l'ay enseigné au Chapitre des Temps. Mais sur tout ne manquez pas, à tous les coups que vous leur pousserez, d'opposer la main gauche ; car il y a tant d'avantures à ces sortes de gardes, que cela y sera fort utile. Je ne me suis arrêté qu'au principal & aux coups que j'ay vû arriver. Je ne répons nullement du coup de hasard, d'autant que nul ne se peut vanter d'avoir un coup seur : Mais j'assureray que celuy qui est le plus instruit dans l'Exercice, ayant du cœur, réussira contre cent mal adroits, j'entends l'un aprés l'autre, suivant le proverbe qui dit que *Nullus Hercules contra duos.*

CHAPITRE XIV.
Des Passes au dedans & au dehors des Armes.

APrés avoir parlé des coups ou estocades de pied ferme, je parleray maintenant de ceux que l'on nomme *Passes*, qui est qu'en portant le coup, l'on passe le pied gauche devant le droit. J'en ay fait seulement deux Planches ; car il en faudroit une trop grande quantité, pour les mettre toutes en Figures. Dans la première Planche deux passes sont représentées. La première est une passe de Quarte au dedans des Armes ; l'autre est une passe de Tierce au dehors des Armes, que je vais vous expliquer. D'ordinaire il ne faut point passer que ce ne soit sur le temps que l'ennemy leve le pied, ou le droit ou le gauche, de même que si l'on vouloit prendre le temps au coup de pied ferme ; néantmoins il s'en fait assez souvent d'une autre manière, savoir qu'étant allongé, & votre ennemy hors de mesure, son corps découvert, vous pouvez en cet endroit achever le coup, en passant le pied gauche devant le droit, & venir après au saisissement d'Epée, dont je vous instruiray dans le Chapitre suivant. Gardez-vous de passer dans le temps que l'ennemy éloigne le corps en arriére, comme beaucoup l'enseignent ; car il n'y auroit aucune seureté, d'autant que le corps de votre adversaire s'éloignant, il rompt la mesure, & vous voit venir : Au contraire, passez dans le temps que votre ennemy leve le pied droit ou le gauche, pour marcher en avant, comme il est marqué en cette Planche ; ce sera le moyen d'y réussir. Il faut donc savoir quand il faut & comment l'on doit passer de Quarte dans les Armes : Ce sera de bien des maniéres. Si l'ennemy en voulant marcher ou avancer

le

parade du fort au dehors des armes. Le coup a ceux qui y parent esleuant leur espée le corps en avant, cherchoit voſtre fer & le vouloit forcer (je ſuppoſe que vous ſoyez engagé au dehors des Armes à ſon Epée) vous avanceriez la main la premiére, par un petit dégagement fort court, élevant bien haut voſtre fort à ſon foible, tournant bien le poignet de Quarte au dedans des Armes, vous paſſeriez le pied gauche, & vous iriez donner le coup juſqu'au corps, comme il eſt marqué dans la premiére action de cette Planche. Voicy encore un coup ſeur, qui eſt qu'en paſſant vous feriez un battement ſec, & acheveriez voſtre coup de Quarte au dedans des Armes. Ordinairement pour attirer l'ennemy à cette embûche, l'on doit faire un tentement d'Epée, pour obliger l'ennemy à venir trouver voſtre Epée & voſtre corps, tant dedans pour les paſſes de deſſus, que deſſus pour les paſſes au dedans & au deſſous. Ce tentement d'Epée, pour ceux qui ne l'entendent pas, eſt qu'il faut battre deux fois l'Epée ennemie, de la voſtre, en ligne directe, & auſſi battre deux fois du pied, le bras étendu, en avançant un peu le corps, & en le retirant en même temps en arriére, laiſſant tomber la pointe au deſſous de la lame de voſtre ennemy, pour l'attirer à vous. Il ne manquera pas de vouloir chercher voſtre fer, qui n'eſt plus dans la ligne où vous avez tenté l'Epée pour l'attirer & le faire marcher en avant; & dans ce temps vous devez éxécuter & donner aux découvertes que vous vous aurez fait faire par les mouvemens de voſtre ennemy.

L'on doit remarquer dans ces Figures, que la force y eſt toute entiére. Vous y voyez les reins élevez, d'où dépend une partie des forces. La cuiſſe, la jambe & le pied gauche ne ſont pas couchez, comme j'ay vû des Figures dans des Livres précédens, dont la cuiſſe, la jambe & le pied trainent juſqu'à terre, & ſont ſi écartez qu'il eſt impoſſible qu'ils ſoient en état de pouſſer aucun coup; puis qu'il eſt aiſé de juger qu'un corps a bien plus de force étant droit, qu'étant abaiſſé juſqu'à terre, & que cette ſituation l'ôte même aux bras & au corps. Il faut toûjours conſerver les forces dans les bras & dans les jambes, ſans les faire perdre de cette maniére. Vous joindrez auſſi le plus de viteſſe de poignet que vous pourrez, dans le temps que vous paſſerez; & tâcherez à tous vos coups de dégager en avançant la main devant que le pied ſoit levé, comme pour les coups de pied ferme. Que le genouil gauche, aprés l'avoir paſſé, ne ſoit que fort peu ployé, & que le droit ſoit roide & tout étendu en ligne droite du bras droit, & non point couché le long de la cuiſſe, comme pluſieurs le font faire, qui eſt le plus grand défaut que l'on puiſſe jamais avoir. Dans les Chapitres précédens j'en ay dit les conſequences.

L'autre action de cette Planche, eſt une paſſe de Tierce, qui eſt qu'aprés avoir fait voſtre tentement d'Epée au dedans des armes, & retirant le corps en arriére pour obliger voſtre ennemy à chercher voſtre Epée, ce ſera dans le temps qu'il le découvrira deſſus les armes & qu'il voudra paſſer, que vous paſſerez de Tierce deſſus les Armes, comme il eſt marqué au pied gauche levé, & l'autre eſt au pied droit levé. Enfin l'on peut paſſer généralement tous les coups qui ſe pouſſent de pied ferme: mais il y a plus de précautions & plus à ſe ménager, comme je l'ay dit; car il y a toûjours du riſque. Une paſſe bien faite, en ſon temps & avec jugement, eſt un trés bon coup: mais il faut connoître le haſard qu'il y a pour y bien réuſſir, & les maniéres pour y attirer ſon ennemy par ces tentemens d'Epée que j'ay expliquez dans toutes les paſſes. Ce n'eſt pas une régle qu'il faille toûjours ſaiſir l'Epée; car l'on ſe peut fort bien remettre en garde, de même qu'aux coups de pied ferme: L'on peut quelquefois être ſurpris par l'ennemy qui recule, & en ce cas il faut ſe remettre en garde comme auparavant. Le jugement fera connoître toutes ces difficultez. Paſſons maintenant à l'autre Planche.

D CHA-

CHAPITRE XV.

De la Passe de Seconde sous les Armes, & du Saisissement d'Epée.

Lors que l'on est asseuré de l'Epée dessus les Armes, l'ennemy se découvrant dessous, en élevant le fort de son Epée, l'on peut avec vitesse avancer la main la première, le bras tout étendu, en jettant le gauche aussi tout étendu, tournant bien le poignet de Seconde, & le levant fort haut dans le temps que vostre ennemy veut lever son Epée, puis avancer le corps, comme vous voyez en cette Planche de la première action. Vous passerez le pied gauche devant le droit, le ployant un peu, à cause que le corps se doit baisser, & se soutenir sur la jambe gauche, qui est en avant, en ligne directe du genoüil à l'estomac, & la reste un peu plus avant, pour continuer la ligne le long du bras de vostre Epée ; ce qui vous garantira de recevoir à la teste. Vous aurez toute vostre mesure de cette manière, & vous serez dans toutes vos forces. La jambe droite qui est derrière, est soutenue sur le fort du pied, la cuisse roide, continuant sa ligne jusqu'au sommet de la teste, ce qui fait toute sa force. On peut aussi passer dessous les Armes d'autres manières. Par les tastemens d'Epée dessus les armes, pour faire découvrir dessous ; & c'est dans ce temps qu'il faut passer. L'on peut aussi faire la feinte à la teste, & passer dessous, & tâcher toujours que ce soit lors que l'ennemy avance le corps, comme vous voyez en cette Planche. Après avoir passé, on peut aussi se remettre en sa garde ordinaire, selon la situation de vostre ennemy, comme j'ay dit, pour faire vostre retraite. Et de la manière que j'enseigne à passer, il sera fort aisé dans l'occasion de se remettre, ou bien de saisir l'Epée, ainsi qu'il est marqué en cette même Planche, & comme je vais vous en instruire.

Cela peut servir pour toutes les passes & autres coups de pied ferme ; car l'ennemy s'allongeant, & vous ayant paré son coup, vous pouvez, en faisant un pas du pied gauche devant le droit, entrer fort bien en mesure, en cas qu'il retire dans ce temps le corps en arrière ; ou s'il est trop prés de vous, vous pouvez lâcher le pied droit derrière le gauche. Le saisissement d'Epée s'entend de la garde, & non de la lame ; car beaucoup y ont été pris, qui ont eu les doigts coupez, n'ayant saisi que la lame. D'autres encore au lieu de saisir la garde, saisissent le bras. C'est à quoy vous devez prendre garde, car vostre ennemy pourroit changer de main, en prenant l'Epée par le milieu de la lame avec la main gauche, comme il est souvent arrivé, & vous en donner au corps. Vous croiriez avoir saisi une garde, & ce ne seroit que le bras. Ce qui est exprimé par ces deux autres Figures.

Ayant donc passé dessous, il faut revenir à l'Epée de vostre Ennemy, comme je l'ay dit, devant que de relever le corps. Ensuite il faut avancer le pied droit (qui est derrière) devant le gauche, puis étant proche de vostre ennemy, les deux forts l'un contre l'autre, vous releverez vostre Epée en forme d'estramaçon, & en quittant l'Epée de l'ennemy, vous luy saisirez en même temps sa garde, de vostre main gauche, & éleverez vôtre Epée en sorte qu'il n'y puisse toucher ny l'attrapper avec sa main gauche. Vous tournerez le corps en effaçant l'epaule droite, & portant le pied qui est devant, en arrière, de garde à droite que vous êtes, vous vous trouverez à gauche. Que le bras droit qui a saisi la garde soit tout étendu devant vous, en cas que vostre ennemy voulut se jetter sur vous, vous l'arrêteriez

Si

Passe de seconde dessous les armes.   Saisisement d'espée.

Voltement de corps.   Saisisement de corps et de l'espée.

Si la force vous venoit à manquer par la violence qu'il vous feroit, vous n'auriez qu'à lâcher un pied derriére, & même l'autre après, s'il en étoit besoin. Mais s'il vouloit retirer son corps en arriére, pour vous attirer sur luy, vous pourriez marcher à luy un grand pas naturel, ou deux, s'il le falloit. Et par ces moyens l'on reüssit toûjours, l'on ménage son terrain, & souvent on remporte l'honneur du combat, dans une occasion pareille, sans qu'il arrive aucun accident de blessûre ou de mort. Si pourtant l'ennemy ne vouloit pas composer, & qu'il fût si opiniâtre que de vouloir toûjours se jetter sur vous, je crois que l'on ne pourroit se dispenser à la fin d'en user par les voyes ordinaires, suivant cet axiome naturel qui dit qu'*il vaut mieux tuër, que d'être tué*. Que la jambe & le pied de derriere soient fermes, étendus & non couchez: Que le genouïl de devant soit un peu ployé, & le pied bien droit, comme vous le voyez; de cette façon vous aurez la fermeté entiere du corps. Et non pas comme des Figures que j'ay vûës dans les Livres precedens, touchant le saisissement d'Epée. Ils font trop écarter & ployer le corps en arriere, le genouïl de devant si étendu, qu'il seroit impossible de tenir cette posture, & de garder ses forces: Outre que le moindre coup de pied que l'on pourroit donner à ce pied dont le genouïl est étendu, feroit tomber le corps à terre. C'est ce que j'ay vû souvent arriver dans les Salles. Cela seroit tres-perilleux l'Epée à la main. Comme aussi de tenir l'Epée basse, la pointe dessus l'estomac. J'ay vû arriver un accident là dessus, qui fut de cette maniere. Un Gentilhomme ayant saisi la garde de son ennemy, & luy tenant la pointe sur l'estomac, l'ennemy approchant la main gauche, & ayant saisi l'Epée par la pointe avec un gros gand, il la rompit, & donna de cette pointe dans le corps de celuy qui l'avoit saisi, dont il mourut, & l'autre sauva ainsi sa vie. Cela arriva à Paris sur le Quay des Augustins, il y a environ 12 ou 13 ans. C'est à quoy il faut prendre garde. Il y en a qui ont écrit sur des manieres pour arracher l'Epée des mains de l'ennemy. Pour moy j'en écrirois de bien des sortes, que j'ay vû pratiquer dans les pays étrangers: Mais cela est si peu en usage, que j'ay trouvé que la chose n'en valoit pas la peine, & que ce ne seroit qu'embarrasser un Gentilhomme qui voudroit s'y appliquer. Ce n'est aucunement ma methode, quoyque je ne blâme ny ne deffende de le faire, si l'on peut y reüssir, comme d'ôter ou faire tomber l'Epée des mains de son ennemy. Mais le saisissement est plus certain, parce que pour arracher une Epée des mains, ce ne sera quelquefois que par la force & la violence. Si l'on y reüssit, l'autre court un grand risque: Et cela n'est pas selon les régles de l'Art.

CHAPITRE XVI.

Du Voltement de corps, & du coup achevé.

Plusieurs se servent de ce coup, de volter du corps, & peu s'en sçavent servir, & croyent sçavoir beaucoup, lorsque sur les moindres mouvemens de leur ennemy, & à toutes les estocades qu'il leur pousse, ils ne manquent pas à volter; ce qui leur cause souvent des coups dans le dos: Et s'ils y reüssissent une fois, ce sera par hazard. Pour le pratiquer avec plus de facilité, & moins de risque, quand vous aurez à faire à un homme qui aura la garde ordinaire,

naire, vous viendrez pour luy engager son Epée au dedans des armes. Se voyant engagé, il ne manquera pas de vouloir dégager dessus les armes. Vous mettrez vôtre corps en butte, cela veut dire, en presentant le corps tout découvert en avant: Et comme il dégagera dans ce temps, vous retirez le corps en arriere, sans démarer les pieds. Vôtre ennemy vous voyant loin de luy, ne manquera pas de vouloir achever son coup, & passera de Tierce dessus les armes. C'est dans ce temps qu'il passe, que vous volterez du corps, comme vous le voyez marqué en la premiere action de cette Planche, & que je vais vous expliquer. Cette maniere de volter sera dans le temps que vôtre ennemy passe. Vous dégagerez au dedans des armes, tournant bien la main de Quarte, & l'elevant jusqu'a la hauteur de la tête de vôtre ennemy, au dessus de son bras, & voltant le plus promptement que vous pourrez; de face que vous étiez, vous devez vous trouver montrant le dos à vôtre ennemy, & vos pieds comme si vous étiez en garde à gauche, en passant le pied gauche derriere le droit: Mais que ce ne soit pas comme aux passes, où on le doit passer par devant; car à cette action, ce doit être par derriere. Ce n'est pas assez que d'avoir volté & donné le coup, il ne faut pas demeurer en cet état; mais sans s'arrêter, il faut faire revenir le pied droit en avant, & joindre son ennemy, en sorte que ce pied droit se trouve derriere ceux de l'ennemy, en tenant toûjours le gauche devant, & luy appuyant le bras droit sur son estomac, vous porterez la main de ce même bras appuyé, sur la garde de l'ennemy. Dans ce même temps que vous saisissez sa garde de la main droite, il faut changer vôtre Epée de main, & la prendre de la gauche, par le milieu de la lame, pour menacer vôtre ennemy de sa vie, en luy presentant la pointe, comme il est marqué dans cette Planche, du saisissement de corps & d'Epée. Ce qui se peut faire en bien des rencontres, principalement lorsque l'on joint l'ennemy, ou qu'il se jette sur vous. On peut aussi volter sur les passes de Tierce dessus les Armes, tout d'un tems: Mais sur les autres coups, comme de Quarte & tous les dedans des Armes, cela est trés-perilleux. Ce qui se peut fort bien hazarder dans une Salle: Mais je ne le conseille pas l'Epée à la main. Pour le saisissement, il sera toûjours trés-bon, comme j'ay dit, en toutes sortes de rencontres, même aprés les parades & les rispostes. La maniere que j'ay enseignée, ôte toutes les forces à l'ennemy, & l'on peut aisément le renverser à terre: ce que vous pouvez experimenter.

CHAPITRE XVII.

Des Parades en forme de cercle; & des manieres de Garde & coups à l'Espagnole.

IL me reste à vous faire voir ce qui est contenu dans cette derniére Planche. Elle est composée de trois Figures en haut, & deux en bas, que je vais vous expliquer. Je commencerai par les trois premiéres Figures, qui sont des parades en forme de cercle, trés-bonnes & utiles pour servir à toutes sortes de coups, & dans toutes sortes d'occasions. J'en ay marqué de trois sortes, qui néantmoins reviennent toutes à la même, à la reserve de l'opposition de main gauche, que la premiere & la derniére representent. L'autre fait la même figure, sans opposer la main gauche, & ne laisse pas de parer

Parade en forme de cercle.

Coup destramasson a l'espagnol

parer de même, sans opposition. J'en diray les raisons.

La premiére Figure, comme vous voyez, a plusieurs lignes qui luy tombent sur son Epée, & de son Epée à son bras gauche. Toutes ces lignes sont autant de coups poussez, tant du haut en bas, que du bas en haut, de droite ligne & ligne traversante. Elle ne laisse pas que de les parer par le moyen de son cercle qu'elle fait, & de sa main gauche qu'elle oppose. Pour bien faire ce cercle, il sera nécessaire d'être en sa garde ordinaire, & que dans le temps que l'on vous viendra pousser, quelques bottes que ce puisse être, soit de Prime, de Seconde, de Tierce, de Quarte ou de Quinte, qui sont autant de lignes, hautes, droites & basses, même toutes sortes de feintes, vous commencerez par un mouvement de poignet, en forme de cercle, en le tournant en dehors, il se trouvera les ongles en haut, qui est de Quarte; vous ferez aussi baisser la pointe de vostre Epée, & leverez le poignet, sans pourtant bouger le bras de son centre, & rencontrerez par ce moyen les coups qui vous viendroient au corps, avec l'Epée & la main gauche opposée. Si par hazard vous ne rencontrez point l'Epée Ennemie, vous recommencerez le cercle, en relevant vostre Epée, & en même tems la rabaisserez, & reviendrez dans la même situation que vous voyez dans cette premiére Figure, & comme vous étiez auparavant. Ainsi vous ne manquerez pas de rencontrer toutes les lignes des coups qui pourroient vous être poussez, depuis la teste jusqu'au bas du corps, ce cercle étant bien fait, & cette main gauche bien opposée & avec jugement. Je fais opposer la main gauche plus bas qu'aux autres Figures, d'autant qu'il y a plus de lignes ou de coups à parer, qui sont des lignes traversantes, & qui font divers angles. La force de l'Epée en parant, les a renvoyez au bras gauche, quoy qu'il ne quitte point l'Epée de son ennemy; même je dis davantage, que ce cercle étant bien fait, cette main gauche bien opposée, un homme peut asseurément parer quatre ou cinq coups poussez de même temps, comme vous les voyez, pourvû que ce ne soit pas par derriére. On peut me demander d'où vient, si c'est une ligne droite, ou estocade de Quarte au dedans des Armes, que je ne pare pas tout droit du fort de mon Epée, comme dans les autres coups cy-devant, sans faire ce cercle. Je répons que si l'on étoit asseuré que ce fût un veritable coup tiré de droite ligne, sans feinte, on pourroit parer en opposant la main gauche, comme je l'ay fait voir dans mes autres Planches. Mais l'on peut être trompé par des feintes, ou par des demy coups, & étant surpris, cette parade de cercle enveloppera tous ces coups qui pourroient vous étre poussez, & même fera perdre tous les desseins de vostre ennemy. On peut aussi parer, comme vous voyez en la deuxiéme Figure : mais on courreroit plus de risque, à cause de ces lignes angulaires; même après avoir paré, on ne pourroit pas bien risposter sans danger, car tenant l'Epée ennemie engagée de la main gauche, après que l'Epée a fait son effet, il est aisé de donner le coup, d'autant que l'ennemy n'a pas d'Epée devant luy. Dans cette deuxiéme Figure, le corps est bien éfacé, la main gauche derriére l'oreille, les jambes bien situées, le bras droit tout étendu : Ce sera pour ceux qui n'ont pas de coûtume d'opposer la main gauche, ne laissant pas que de bien parer de cette maniére; mais non pas, comme j'ay dit, avec tant de seureté. Je vous mets cette troisiéme en posture, pour vous faire remarquer que l'on peut aussi fort bien parer un coup tout droit de Quarte, par le moyen de ce cercle : & la main gauche opposée n'est pas si basse qu'à la premiére, d'autant que je suppose qu'il n'y a point de ces coups traversans, comme de Seconde & autres, que j'ay expliquez; quoy que je ne dise pas que ce soit une chose générale, revenant toûjours à mes principes, qui sont de parer de Quarte & de Tierce, comme j'ay enseigné au Cha-

Chapitre des Parades. Pour de Seconde, cette derniére parade est très-bonne, & pour tous les autres coups, desquels on sera surpris ; & c'est en pareille occasion la meilleure de toutes les parades.

Les deux autres Figures d'embas représentent ce que les Espagnols ont le plus en pratique dans les combats, savoir les coups d'estramaçon, aprés qu'on leur a poussé. Je ne laisseray pas que de parler d'autres coups qu'ils font aussi souvent, comme je l'ay remarqué lors que j'ay fait avec eux. Aprés avoir expliqué celuy de l'estramaçon, je parleray des autres les plus usitez. Il faudroit un trop grand nombre de Planches pour les représenter tous. La premiére Figure des deux que vous voyez, est un coup poussé de Seconde dessous les Armes, comme vous avez vû expliqué au Chapitre V. pour sa situation. La deuxiéme est ce coup Espagnol. Il n'a point d'autre parade que celle du corps, dans le temps qu'on luy pousse. Il retire le pied droit à côté du gauche, & aussi le corps en cavant fort la hanche, avançant les bras & les épaules, afin d'atteindre plus loin du coup d'estramaçon : car pour parer, il leur seroit impossible, d'autant qu'ils tiennent fort mal leur Epée, savoir en passant deux doigts en forme de crochet au travers de leur garde, faite exprés avec deux anneaux, & les trois autres doigts à la poignée ; ce qui fait qu'ils ont plus de liberté pour leurs coups d'estramaçon. Mais leurs estocades n'ont jamais de forces qu'alors qu'on s'abandonne sur eux, ce qui fait toute leur mesure, & ne perdent point de temps, car aussi-tôt que vous leur avez allongé, ils se retirent, comme j'ay dit, & viennent vous décharger sur la teste deux ou trois coups d'estramaçon, avec grande vitesse. Lors qu'ils ne retirent pas le corps assez subtilement, ils reçoivent aussi le coup de Seconde au corps : Mais ils n'estiment pas ces coups d'estocades, & se croyent plus seurs du coup d'estramaçon, où ils fondent toute leur adresse, & aussi de tirer aux yeux ; ce sont là leurs plus beaux coups. Il sera donc à propos, pour se garantir du coup d'estramaçon, de ne pas s'abandonner tout d'un coup, ou du moins, lors qu'on leur donne de vitesse, il ne faut pas demeurer au bout du coup : mais plûtôt joindre aussi-tôt le corps, & saisir l'Epée, comme je l'ay marqué cy-devant, qui est qu'aprés avoir poussé son coup, l'on joint le corps en passant le pied gauche, & ensuite l'on se saisit de l'Epée. L'on peut aussi l'obliger par des demy-estocades à retirer son corps en arriére ; & dans le temps qu'il donne son coup d'estramaçon sur la teste, vous leverez vostre Epée fort haut au dessus de la teste, en ligne traversante, & comme il est marqué en la deuxiéme Figure de la premiére Planche, & parerez ainsi ce coup d'estramaçon. Vous songerez même à en parer deux, en cas qu'il vienne à les donner. Ensuite vous ne manquerez pas de luy donner la risposte de Seconde, en dégageant dessous les Armes ; & aprés vous reviendrez au plus vite à son Epée, pour vous en asseurer : Vous joindrez aussi-tôt le corps, & saisirez l'Epée, ainsi que je l'ay enseigné. Ils se mettent aussi en garde tout droit sur les jambes, & selon nos mouvemens, ils tournent sur le fort des pieds, sans sortir d'un même endroit, l'Epée toujours devant eux, & leur pointe vis à vis de la teste de leur ennemy. Si vous leur poussez tout droit une grande botte de Quarte, sans parer ils retirent seulement le pied droit à côté du gauche, & font une grande cavation de corps ; & par ce moyen ôtent la mesure du coup qui leur porteroit au corps : Ils tendent seulement le bras droit, & avancent leur Epée pour tirer droit à l'œil. Ils prétendent que ce soit un beau coup, & disent que les coups au corps ne sont pas des coups d'adresse, à l'égal de ceux qui portent aux yeux. Ils peuvent asseurément y réussir : mais pour les en empêcher, il est à propos de les faire tirer les premiers, comme j'ay
déja

déja dit, par des demy-coups, qu'ils croiront être des coups achevez, en les repréſentant comme il faut. Ils ne manqueront pas dans ce temps de retirer le corps en arriére, & tendront leur Epée en avant : mais ne vous étant pas tout à fait allongé, il n'y aura aucun riſque pour vous. Il faudra faire dans ce temps un battement ſec, & tirer tout droit de Quarte, le long de leur Epée, du fort au foible, & baiſſerez un peu voſtre pointe : Vous oppoſerez voſtre main gauche, & auſſi-tôt joindrez & ſaiſirez la garde. Souvent ils contre-dégagent, & tirent pour ſe garantir. Il faudra que vous dégagiez, à deſſein de les faire contre-dégager, & lors qu'ils contre-dégageront, vous parerez & pouſſerez en même tems, en oppoſant le bras gauche; puis ferez voſtre retraite, ou joindrez le corps de l'ennemy, & ſaiſirez ſon Epée, ſelon ſa ſituation & ſes mouvemens.

J'aurois bien écrit contre & pour les gauchers, mais ce ſeroit une choſe inutile; car ſi vous avez affaire à un gaucher, tous les coups que j'ay mis dans ce Livre, luy peuvent ſervir, comme à un droitier, en faiſant le contraire. Par éxemple où l'on doit pouſſer de Quarte, il pouſſera de Tierce, ainſi des autres coups de même. A l'égard des gauchers contre gauchers, il n'y a qu'à tourner les Planches de l'autre côté, l'on y trouvera ce que l'on ſouhaitera, & ce qui ſera néceſſaire & aiſé à comprendre pour s'en ſervir.

ORDRE

LE MAITRE

ORDRE METHODIQUE

Pour ceux qui veulent bien enseigner l'Exercice des Armes ; en faveur de toute la Noblesse, & sur tout des Gentilshommes que l'on nomme Cadets.

Plusieurs personnes de qualité à qui j'ay eu l'honneur de montrer, m'ayant sollicité de joindre à mon Livre un Discours touchant la Méthode que j'ay observée pour les enseigner, je me suis résolu de les satisfaire, d'autant plus volontiers que j'ay crû que cet ouvrage seroit utile à beaucoup de gens. Les Maitres qui seront de bonne foy, tomberont d'accord que l'on ne peut jamais arriver à la perfection des Armes, sans observer cette Méthode. Je la croy particuliérement nécessaire aux Maitres que l'on a choisis pour enseigner à ces Compagnies de Gentilshommes, que le Roy a établies en plusieurs de ses Citadelles : Autrement, s'il en sort quelqu'un qui réussisse dans cet Exercice, il devra plûtôt son adresse à la disposition naturelle, qu'à toutes les peines de son Maitre. Et si peu que l'on ait de connoissance, il sera aisé de pratiquer les leçons que je vais mettre par ordre.

Peu de gens ignorent la haute reputation que le Sieur Renard s'est acquise dans cette noble profession, qu'il a exercée à Paris l'espace de 60 ans. C'est lui qui a fait presque tous les Maitres qui ont été estimez ; & c'est aussi de lui que j'ay receu ces connoissances. Il me les a communiquées sans reserve, tant par une amitié particuliere, que par ce que je suis son parent. Il s'est fait un plaisir de me donner ces belles teintures dés mes premieres années. Depuis il a continué de me faire part de tout ce qui l'avoit élevé au dessus de ceux de sa profession. Ensuite ne voulant pas faire comme plusieurs qui se bornent d'eux-mêmes & se contentent d'être arrivez à un certain point, j'ay suivy ma curiosité naturelle, & j'ay passé chez les Etrangers, pour voir si je pourrois découvrir chez eux quelque chose qui me fût caché, & qui fût utile à mon Exercice. J'ay eu plusieurs conferences avec eux, nous nous sommes donné des leçons mutuelles ; & j'ay souvent écouté avec attention les raisons qu'ils alleguoient pour deffendre leurs principes. Je declare encore aujourd'huy, que lors que je pourray découvrir un Maitre qui aura quelque connoissance particuliere dans mon exercice, je me feray toujours un grand plaisir d'en profiter, & n'approuveray jamais la présomption de ceux à qui j'entens dire journellement, qu'ils en sçavent assez pour le besoin qu'ils en ont.

Il n'est pas necessaire qu'un Maitre trouve toûjours un corps bien

bien disposé, pour en faire un homme adroit ; ce n'est pas une grande affaire d'achever ce que la nature a si bien commencé : Mais où est la science du Maître, c'est de savoir corriger les défauts de la nature, & d'avoir le secret de donner une nouvelle forme à un corps mal adroit. Au contraire de ceux qui ne savent que gâter les bonnes dispositions, & qui par leurs faux principes, font souvent d'un homme qui étoit naturellement bien disposé, ce qui s'appelle un véritable mal adroit. Je soûtiens donc que par le moyen de ces principes, & par l'assiduité & le temps qu'il faut pour l'exercice, on viendra à bout du corps le plus grossier & le plus mal adroit.

Un véritable Maître d'Armes doit sur tout observer six choses, dont la première est de voir comment doit être son Fleuret, & celui de l'Ecollier, que l'on appelle Fleuret de leçon. Celuy du Maître doit être leger, à cause du long temps qu'il est obligé de le tenir dans sa main, & afin qu'il puisse plus facilement, dans ses leçons, le tenir devant lui : Ce qu'il ne pourroit pas toûjours faire, si son bras étoit fatigué par la pesanteur de son Fleuret. Il ne doit pas être si long que ceux qui servent aux assauts, pour mieux faire connoître à son Ecollier le fort & le foible. Il doit être plus long que celui de leçon, pour lui faire concevoir ce que c'est que la mesure, & par ce qu'il pourra l'empêcher d'y trop entrer, lors qu'il étendra le bras. Le Fleuret de leçon doit être sans garde ny croix, pour deux raisons : La premiere est que quand l'Ecollier allonge sur le plastron, sa main trouve cette garde ou croix, qui lui résiste & lui fait ouvrir les doigts ; ce qui lui ôte l'habitude de tenir son Epée ferme. Au contraire en poussant avec un Fleuret sans garde & sans croix, la main ayant été plusieurs fois obligée de couler jusques sur la lame,

par la résistance qu'elle a trouvée au plastron, ou s'en corrige bien tôt en serrant mieux la poignée.

La seconde raison est que quand le Maitre poussera à son Ecolier, pour luy aprendre à parer, l'Ecolier n'ayant point de garde à son Fleuret, sera obligé de bien parer, qui est du fort de son Epée devant luy, parce que s'il pare seulement de la pointe (ce qui est une méchante parade) le Fleuret du Maitre qui luy pousse, tombera sur ses doigts & luy fera du mal ; ce qui l'obligera une autre fois de bien parer, tant dedans, dessus que dessous les Armes : C'est ce qu'il negligeroit, s'il avoit une garde pour le garantir. Il faut pour bien tenir son Fleuret, que le poûce soit sur le corps de la garde, tout étendu, & les autres doigts ensuite couchez en long jusqu'au pommeau, & sur tout serrer bien le petit doigt, qui est celuy qui doit tenir plus ferme.

La seconde chose que le Maître doit observer, est de faire d'abord pratiquer à son Ecollier tous les divers mouvemens dont j'ay parlé ; *& de les lui faire repeter du moins pendant les premiers quinze jours, pour lui donner une forte teinture de ces principes, & cette liberté qui est si necessaire à la perfection des Armes. Il lui fera faire aussi quelques levées d'armes, dont j'ay simplement parlé au commencement de ce Livre : Mais que je vais icy vous expliquer.

*Chap. 2. & 3.

La premiere levée d'armes est qu'après avoir placé l'Ecollier dans un état naturel, on lui fera approcher la jambe droite de la gauche, le talon droit touchant au commencement du fort du pied gauche ; ce qui representera une demy croix. Voila la situation des pieds. Les jambes, les cuisses, le corps & la tête seront tout droits, les bras abaissez le long des cuisses. Dans cette posture on lui fera lever les deux bras tout étendus par dessus la tête

tête, & s'élever le corps tout droit sur le fort des pieds. On lui fera tourner les poignets en dedans, & baisser les bras jusqu'à la hanche ; mettre le droit, en se reposant, sur son Epée, la pointe au bout du pied, & l'autre bras au côté, puis aussi tôt relever son Epée, & la passer par dessus la tête en forme d'estramaçon ; ensuite se mettre l'Epée devant lui, demy-tierce, & lâcher le pied gauche en arriere, dans la même ligne du droit, ployer aussi la jambe gauche, & roidir la droite, le corps bien éfacé, en tournant fort la partie gauche, levant le bras, le coude & la main derriere l'oreille : Et ce sera la garde qu'il doit tenir. Il faut faire réiterer plusieurs fois tous ces mouvements.

L'autre levée d'armes est qu'étant tourné de face vis à-vis du Maitre, les deux pieds joints ensemble, talon contre talon, les pointes en dehors, les jambes & les cuisses aussi, & le reste du corps bien droit, on lui fera mettre ses deux bras le long des cuisses, puis les relever avec vitesse, en tournant les poignets de Quarte, à côté du corps, le plus haut qu'il pourra ; puis aussi tôt les tourner en dedans, & les baisser pour se reposer sur son Epée, à côté de la pointe du pied droit, & un bras sur la hanche : En même temps relever ses deux bras tout étendus, & joindre ses deux poignets ensemble devant lui, à la hauteur de la cravatte, les tournant de Quarte, puis aussi-tôt les separer, en les tournant de Tierce ; ensuite les laisser tomber de Quinte, à côté du corps ; puis relever ses deux bras, & faire un grand cercle par dessus la tête, avec son Fleuret : Aprés se remettre en sa garde, tourner au plus vite la partie gauche, & lâcher aussi le pied gauche en arriere, & la main gauche à l'oreille. Ce sera encore sa garde ordinaire.

La troisiéme chose qu'un Maitre doit observer, ce sera de prendre garde, en donnant ses leçons, de ne point avancer le corps, ny d'aller au devant du coup, lors que l'Ecollier vient à pousser sa botte, comme plusieurs font tous les jours. Ce qui est un des plus grands defauts qu'un Maitre puisse avoir, & ce à quoy la plupart ne font aucune réflexion. Comme aussi de prendre le Fleuret de son Ecollier avec la main gauche, pour se l'attirer au plastron, & vont même le chercher devant que l'Ecollier ait poussé, pour se l'ajuster au corps. Cela est si contraire à l'Exercice, qu'il ne faut que la raison pour faire connoistre ce defaut, & sans savoir l'Exercice on en pourra juger. N'est il pas mieux qu'un Ecollier vienne trouver le corps du Maitre, que le Maitre le coup de l'Ecollier ? Il faut faire ajuster l'Ecollier de lui même au plastron, le Maitre éloignant son corps en arriere, dans le temps que l'Ecollier lui porte le coup. Par cette methode l'on apprendra à faire soutenir son Ecollier de lui-même : Il sera toujours bien plus ferme, & connoistra mieux la mesure. Il aura plus de peine dans les commencemens, mais dans la suite ce lui sera un plaisir d'ajuster sans aucun secours. Le Maitre ne doit il pas avoir son Fleuret pour conduire le coup de son Ecollier, en éloignant son corps, sans aller chercher le coup pour se le porter luy même ? Et dans l'occasion trouvera t'on un homme qui prenne la pointe de vôtre Epée, pour se la porter au corps ? Si l'Ecollier a cette habitude, il est certain qu'il n'aura aucune justesse ; au lieu d'aller au corps, son coup ira plutôt à terre, jusqu'à le faire tomber. Ce qui est souvent arrivé en mes mains, ayant eu quelques Ecolliers qui avoient appris ailleurs. Lors que je voulois leur enseigner ma methode, à chaque coup ils tomboient le nez en terre, par ce qu'ils ne rencontroient aucun appuy, ny main gauche, ny corps en avant, pour les soûtenir : Mais avec le temps & cette methode, je les trouvois bien tôt tout changez.

La

*La quatriéme chose qu'un Maistre doit savoir, c'est de connoître les bottes de Prime, de Seconde, de Tierce, de Quarte & de Quinte ; de les savoir faire pousser & parer, & de les appliquer aux endroits où il faut s'en servir. Peu connoissent ce que c'est que Prime & Quinte.

La cinquiéme chose necessaire au Maistre, c'est de savoir toutes les sortes de parades & ripostes. Je les ay aussi expliquées : Mais il observera une chose sur laquelle plusieurs ne font aucune reflexion, qui est sur la maniere de faire parer son Ecollier. Ce que chacun pourra remarquer en leur voyant donner leçon. Lors qu'ils doivent pousser à leur Ecollier, pour le faire parer, ils se contentent de dire, *parez*, en presentant seulement leur Fleuret au devant de celuy de l'Ecollier, & touchent simplement sa lame, sans pousser ny démarer le pied droit. L'Ecollier n'a garde d'apprendre à parer, puisque l'on ne luy pousse pas ; & de cette maniere il neglige sa parade, qui est la chose la plus necessaire pour l'occasion. Au contraire, quand on fait parer un Ecollier, il faut lui pousser le coup selon la force que l'on lui trouvera, & jusqu'au corps. De cette maniere il sera obligé d'aller ferme au devant du coup, & d'y employer toute sa force. Je ne dis pas que dans les commencemens, il ne faille menager l'Ecollier : Mais ensuite on viendra peu à peu à lui pousser ferme, même jusqu'à deux coups de suite, pour après luy faire donner la risposte. Ce qui l'affermira sur ses jambes, & le fortifiera beaucoup ; & ainsi il contractera une trés-bonne habitude. Il faut aussi, en donnant leçon, témoigner à l'Ecollier une resolution de même que si c'étoit tout de bon qu'il eût à faire à son ennemy ; car cet Exercice n'est pas un jeu, puisque c'est pour la deffense de sa vie, & pour luy donner l'adresse de se délivrer des occasions perilleuses.

Enfin, la sixiéme chose qu'un Maistre observera, c'est qu'en donnant leçon, il ne doit pas se donner de ces airs affectez, comme de se quarrer & se regarder souvent. Il y a des Maistres qui ne s'attachent qu'à vouloir plaire aux yeux des spectateurs. Ils tâchent à se mettre en garde de bonne grace, & n'ont soin que d'eux-mêmes, pour acquerir la reputation d'avoir les armes belles à la main. Cependant ils ne songent point aux defauts de l'Ecollier, dont ils doivent à tous momens imiter les méchantes postures, afin de l'en corriger. C'est à quoy l'on ne pense point, quand on ne songe qu'à soy-même. Il faut donc que le Maistre contre-fasse incessamment la méchante maniere de son Ecollier, & même la chargé avec outrance, pour lui en inspirer une plus grande aversion : Et ensuite tâsse un bon mouvement selon les regles. Vous lui donnerez plus d'envie de retenir ce qui est bon, par la connoissance que vous lui aurez faite avoir de ce qui est mauvais. Il faut même lui representer les defauts de quelques particuliers de sa connoissance, & les lui faire remarquer. Ce qu'il ne peut jamais faire, s'il veut toûjours être comme un Maistre en peinture, & s'il prefere le plaisir d'être agreable, à l'avancement de son Ecollier. J'avouë que l'on dira de lui, qu'il a les armes belles à la main ce que je n'estime pas peu : Mais nôtre veritable sience ne dépend pas de là, elle consiste bien plûtôt dans la connoissance des differentes gardes que l'on a à combattre, & dans les moyens d'inspirer à un Gentilhomme l'adresse & la vivacité qui lui sont necessaires.

Aprés avoir fait faire ces divers mouvemens à l'Ecollier, aprés l'avoir bien affermy sur les jambes, par les principes que j'ay établis, & lui avoir donné la liberté, par le dénouement de son corps, il faudra qu'il commence à s'allonger, comme je l'ay enseigné, *pour être dans une

une bonne situation, durant une quinzaine de jours. On luy aprendra donc à pousser ces trois premieres bottes, Tierce, Quarte & Seconde: Ensuite les trois Parades de ces trois coups: *Aprés il commencera ses dégagemens, à se remettre & à faire sa retraite. Il faut aussi qu'il commence à faire quelques petites feintes tout droit, tant dedans, dehors, que dessous les armes, en cet état il sera capable d'entreprendre trois Jeux principaux, que je vais mettre par ordre, fondez sur les trois principales actions de l'Exercice, qui sont *demeurer*, *avancer* & *reculer*. Un Maître qui les observera, & qui les fera faire regulierement à son Ecolier, pourra le fortifier au plus haut degré, & même le rendra capable d'être Maître. Pourvû qu'il ne se neglige pas, en donnant ses leçons, & que son Ecolier y prenne de la peine, il sera impossible

*Chap. IV. V. VII. & VIII.

qu'ils n'y réussissent tous deux; car la negligence du Maître dégoûte l'Ecolier, & fait qu'il ne profite jamais. Au contraire, y prenant toute la peine & le soin qu'il faut, il sera aimer son Exercice, & l'aimera aussi d'avantage. Par ce moyen plus de gens sçauront se deffendre, & l'on ne verra pas tant de mal adroits, qui dés la premiere fois qu'ils mettent l'Epée à la main, font des coups fourrez, se tuent, ou se blessent tous deux, ne sçachans ny parer, ny même saisir une Epée. Mais s'ils ont acquis l'adresse, ils conserveront leur vie & leur honneur, en toutes rencontres; & ils auront plus de jugement & de retenuë, connoissant mieux le peril. Les Maîtres ayans égard à toutes ces circonstances, je suis sur que l'Exercice en deviendra plus florissant, & les Gentilshommes & les Maîtres plus contens.

PREMIER JEU.

CE premier Jeu icy sera contre deux qui demeurent, cela veut dire que vous ferez comprendre à vôtre Ecolier, que lorsqu'il aura affaire à un homme qui demeure en une place, qui n'avance ny ne recule, il faudra l'attaquer par des coups de pied ferme: Et lorsque l'ennemy l'attaquera, il s'en défendra par les parades, & ensuite les risposses, comme je vais vous en instruire.

Je n'expliqueray plus tous les premiers mouvemens, les principes, les marches & démarches, les retraites, les grands pas pour marcher en avant, ny les petits pas pour serrer la mesure, ny les situations pour la garde, ny les manieres de parer & de pousser, tant dedans, dessus, que

Chap. II. III. & IV.

dessous, en ayant parlé suffisamment dans le corps du Livre.

Le premier coup de ce Jeu, sera que vôtre Ecolier étant en sa mesure, vous luy ferez d'abord pousser une grande botte de Quarte tout droit au dedans des Armes, puis se remettre en garde, retirant le corps en arriere sur la jambe gauche, l'Epée demy-tierce, le long de la vôtre, sans la quitter. Vous luy ferez encore pousser une autre botte de Quarte, puis la retraitte, l'Epée bien devant luy, & le bras droit tout étendu, à cause qu'en vous retirant vôtre corps est encore dans la mesure. Vous le ferez revenir à la mesure ordinaire, toujours son Epée demy-tierce; vous vous découvrirez dessus les Armes, &

Ch. IV.

luy

D'ARMES. 37

Ch. VII. luy ferez mettre son Epée du même côté, sans pourtant toucher la vostre : Vous luy ferez poulser tout droit une grande botte de Tierce, puis se remettre, pour après en poulser encore une autre de mesme, puis sa retraite, le bras étendu, & son Epée devant luy. Ensuite il reviendra en mesure, élevant son Epée de Tierce, plus haut que sa garde ordinaire, pour luy donner plus de liberté pour poulser son coup, qui sera en deux temps, tournant la main de Quarte, sans s'arrêter, & ira jusqu'au corps, en battant deux fois du pied droit, sans pourtant le lever si haut ; puis se remettra, son Epée de Tierce, pour reprendre tout d'un temps tout droit de Quarte, puis sa retraite, & reviendra en mesure ; il posera son Epée sur la vostre, au dedans des Armes, & y pesera pour vous obliger à dégager :

Prendre le tems sur les dégagemens au Ch. VI.

Vous dégagerez, & vous vous ouvrirez dessus les Armes, & ferez prendre le temps tout droit de Tierce ; il se remettra, & dans ce temps vous dégagerez, & vous vous ouvrirez au dedans des Armes : Il tirera encore sur le dégagement, tout droit de Quarte, puis fera sa retraite. Il reviendra en mesure, & engagera encore l'Epée au dedans des Armes, pour vous obliger à dégager : Vous dégagerez, & viendrez pour engager son Epée, de l'autre côté. Dans ce temps il faut prendre garde que vostre Ecolier ne se la laisse engager par la vostre : mais bien plutôt, dans le temps que vous la voudrez trouver, faires le contredégager & poulser son coup

Contredégagemens.

jusqu'au corps, de Quarte au dedans des Armes, & luy dites qu'il prenne garde que vous ne le touchiez ; & vous tâcherez à la toucher, pour luy apprendre la vitesse pour le contredégagement, & luy ferez comprendre que toutes les fois que vous la toucherez, le coup ne vaudra rien. Cela luy paroitra difficile, mais avec le temps il y viendra. Cela est aussi de conséquence pour tous les autres coups ; car lors qu'il fera quelque feinte ou autre semblant de poulser, pour vous obliger d'aller à la parade, lors que vous irez à cette parade, si vous touchiez à son Epée, son coup sera imparfait : Au contraire, il faut le faire dégager dans le moment que vous faites le premier mouvement, pour aller chercher son fer. Vous luy ferez faire plusieurs fois ces contredégagemens ; & à la derniere fois vous paserez, du fort au dedans des Armes, & luy ferez après faire le coup à cette parade, pour parer & riposter. Après vostre retraite, vous reviendrez en mesure, & luy ferez faire encore ce mesme contredégagement ; Vous passerez de la pointe, & luy ferez remarquer ; & l'ayant remarqué, vous luy ferez faire le coup pour cette parade : A la fin du coup, il se remettra, & vous luy poulserez au dedans des Armes. Il ripostera tout droit le long de l'Epée, sans la quitter, puis il fera sa retraite, & reviendra en mesure, pour faire les coups propres pour le dessus des Armes. Vous vous decouvrirez dessus les Armes, & ferez mettre à vostre Ecolier son Epée de Tierce, du mesme côté, & luy ferez poulser sa botte en deux temps, tout droit de Tierce, jusqu'au corps en battant deux fois du pied droit ; puis se remettra, redoublera tout droit un autre coup de Tierce : Ensuite il fera sa retraite, & reviendra en mesure ; où vous luy ferez poser son Epée sur la vostre de Tierce sur les Armes, & luy ferez peser sur vostre lame. Dans le temps que vous sentirez cette resistance, vous dégagerez, & vous vous ouvrirez au dedans des Armes, & luy ferez tirer tout droit de Quarte, pour prendre ce temps-là ; après il fera sa retraite, & reviendra en mesure encore peser sur vostre lame, pour vous faire dégager : Vous dégagerez, & reviendrez engager son fer. Dans le tems que vous irez l'engager, avertissez-le de ne pas souffrir que vous tou-

Expliqué au IV. Ch. de la 2. Planche.

Expliqué au V. Ch. de la 3. Planche.

Ch. VII

Tirez sur les dégagemens.

E 3

38　LE MAITRE

Tirer en contredégageant.

touchiez fa lame : mais qu'il contredégage au plus vite, & qu'il pouffe fa botte de Tierce, jufqu'au corps. Aprés il fe remettra en garde ; & vous luy ferez réiterer plufieurs fois le même contredégagement, pour le luy apprendre.

Expliqué au VII Ch. de la 4. Planche. Ch. VI.

Enfuite vous parerez du fort, en élevant le coup par deffus la tête ; puis il fera fa retraite ; & reviendra en mefure faire le coup qu'il faut à cette parade, & les autres coups fuivans ; puis fera fa retraite. Il reviendra encore en mefure, où vous luy marquerez la feinte à la tête, & luy direz que fi l'on vient à luy faire cette figure pour l'ébranler, il prenne le temps & tire deffous les Armes : Vous luy ferez faire plufieurs fois le même coup, & au dernier vous parerez du fort, en abaiffant fon coup fort bas, & le luy ferez remarquer. Il fera fa retraite, & reviendra en mefure, pour faire une feinte deffous les Armes, & tirer deffus, puis fe remettra en garde, en fe découvrant au dedans des Armes : Vous luy pouflerez, & il rifpoftera tout droit de Quarte, le long de la ligne, fans quitter vôtre Epée, puis fera fa retraite, & reviendra en mefure, pour faire encore le même contredégagement. Là vous parerez de la pointe, pour luy faire remarquer cette maniére de parer.

Expliqué au C. VIII. de la 5. Planche.

Enfuite il fera fa retraite ; car auffi-tôt que l'ennemy pare, il faut fe retirer, crainte de la rifpofte. Aprés il reviendra en mefure pour faire le coup qu'il faut à cette parade, & fe remettra en garde de la maniére qu'il aura pouffé, qui eft de Quarte au dedans des armes. Alors vous le ferez découvrir deffus les armes, & luy pouflerez une grande botte. A cette grande découverte, il parera du fort de fon Epée, & il rifpoftera fous la ligne du bras, de Seconde, fous les armes ; puis fera fa retraite, & reviendra en la mefure, où vous luy ferez faire le dernier coup de ce Jeu, qui eft que tenant fa main de Quarte, la pointe baffe, vous traverferez fon Epée avec la vôtre, en vous appuyant deffus ; & luy direz qu'il ne fouffre pas cette ligne qui pefe fur fon Epée : mais qu'il la releve droite, par un mouvement de poignet, le bras pourtant étendu, en faifant un temps, le corps en arriére. Vous luy ferez tomber fon Epée de Tierce deffus les armes, fans fuivre la vôtre. Il pouflera fon coup jufqu'au corps. Cette botte fe nomme *coupé par deffus la pointe*, & ce coup eft bon auffi pour ceux qui parent de la pointe au dedans des armes. Enfuite il fe remettra, en fe découvrant au dedans des armes. Vous luy pouflerez, & il parera & rifpoftera le long de la ligne de vôtre Epée, fans la quitter ; puis fera fa retraite, le bras étendu, & l'Epée bien devant luy. C'eft la fin de ce premier Jeu qui eft pour la fermeté entiére du corps, & contre ceux qui demeurent toûjours en une place. J'etablis toutes ces parades, parce que l'on ne peut trop parer à ce Jeu. Chaque coup a fa parade, & enfuite fa rifpofte. Les régles & l'ordre y font obfervez. Aprés tous les incidens qui peuvent arriver au dedans des armes, je fais voir ceux de deffus & du deffous des armes. L'on peut fort bien faire exercer ce premier Jeu, au moins pendant deux mois. Paffons maintenant au deuxiéme Jeu.

La maniére de pouffer de Seconde eft au Ch. VII.

DEU-

DEUXIEME JEU.

IL y en a qui, aprés avoir paré un coup, voyant leur ennemy se remettre, ou faire quelque retraite, s'abandonnent sur lui à corps perdu, & avancent tout le corps, l'Epée toûjours devant eux, dans la forte passion qu'ils ont de lui donner. Ce deuxiéme Jeu est pour combattre ces démarches sans ordre.

L'Ecolier étant en sa garde ordinaire, ayant engagé vôtre Epée de Tierce dessus les armes, vous lui ferez faire un petit dégagement, le plus court qu'il sera possible, tournant la main de Quarte, & battre sec & ferme vôtre Epée, sans demeurer sur vôtre lame, retenant son corps, & l'éloignant sur la jambe gauche ; & par une autre action, presqu'en même temps, il tirera de pied ferme, tout droit de Quarte au dedans des armes, du fort au foible.

Ch. IV. Si l'Epée ennemie (que la vôtre represente) étoit éloignée quand il la battra, il ne faudroit pas la suivre ; mais bien tirer droit au corps, & ensuite se remettre en sa même garde, le long de vôtre Epée, dans la même figure, pour reprendre tout droit de Quarte, puis faire sa retraite. Il fait ce battement pour détourner l'Epée, & se faire jour, à cause du bras tendu & de l'Epée qui est devant le corps de son ennemy. Cette reprise, après s'être remis en garde, servira à le prendre sur le temps, à cause qu'aussi-tôt que l'on luy a poussé le premier coup, il ne manque jamais après d'avancer le corps, & de se jetter pour courir en avant. Il y en a qui, en faisant ce battement, tournant la main de Tierce ; ce que je n'approuve pas, d'autant qu'alors l'on se découvre dessus les armes, & le temps en est aussi plus grand, parce que l'on tourne la main de Tierce, & aprés de Quarte, qui sont deux mouvemens : Mais la tournant de Quarte, l'Epée demeure toûjours devant vous, & est bien plûtôt au corps, ne perdant pas tant de temps. Tous ces battemens se peuvent faire aussi tout droit le long de l'Epée, sans dégager tant dedans que dessus. Lors que vôtre Ecollier fera ses reprises, à tous les coups de ce Jeu, vous avancerez le corps dans ce moment, pour lui faire connoistre que c'est pour ceux qui veulent courrir en avant ; & dans le temps qu'il achevera son coup, gardez-vous bien de le tenir avancé, au contraire retirez le au plus vîte en arriere, en éloignant le corps sur la jambe gauche, pour obliger vôtre Ecollier à vous le venir trouver de luy-même, sans aussi le secours de vôtre main gauche, comme j'ay déja dit. Par ce moyen il apprendra la mesure, la fermeté & la justesse. Ce premier coup sera l'instruction pour tous les autres de ce Jeu, tant au dedans des armes, que dessus & dessous. Aprés ce redoublement, vous lui ferez faire sa retraite, puis revenir en mesure. Passons au second coup. Vous lui ferez faire encore le même battement sec & tirer droit le long de l'Epée ; & dans le temps que vous ferez remettre vôtre Ecollier, vous dégagerez & engagerez son Epée de Tierce. Aussi tôt qu'il sera remis, vous dégagerez vôtre Epée ; & il prendra ce temps tout droit de Quarte, où vous vous Ch. VI. serez découvert, puis se remettra en garde, pour reprendre encore tout droit, dans le temps que vous avancerez le corps, puis fera sa retraite. Le troisiéme coup sera que
vô-

LE MAÎTRE

vôtre Ecollier étant en mesure, vous luy ferez encore battre vôtre Epée sec, & tirer droit, en dégageant de Quarte au dedans des armes, & le ferez remettre. Dans le temps qu'il se remettra, vous baisserez la pointe de vôtre Epée; de la manière qu'il est marqué aux Parades en forme de cercle. Vous lui ferez faire la même figure, en opposant son Epée à la vôtre, & lui ferez pousser la botte dans la même situation qu'est son Epée, sans relever sa pointe, tout le long de la ligne de la vôtre, jusqu'au corps, & luy ferez opposer la main gauche; & dans le temps qu'il poussera, vous tournerez la main de Seconde, pour luy montrer que s'il n'avoit pas opposé la main gauche, il auroit receu. Aprés il se remettra dans la même figure, & vous releverez vôtre Epée devant vous. Dans le temps que vous la releverez, il poussera tout droit de Quarte; & ensuite se remettra & redoublera sa botte, pour reprendre, puis fera sa retraite, & reviendra en mesure. Au quatriéme coup, il battra sec encore vôtre Epée, & tirera tout droit, & vous parerez du fort, le bras étendu. Voyant que vous avez paré, il fera sa retraite, & reviendra pour le cinquiéme coup, faire la demy-botte, en coupant sous le poignet (étant le coup pour ceux qui parent du fort, en étendant le bras) & ferez comme je l'ay expliqué. Ensuite il fera sa retraite, & reviendra en mesure, pour le sixiéme coup au dedans des armes. Vous lui ferez encore battre l'Epée sec, & tirer droit; vous parerez de la pointe, & il fera sa retraite. Vous lui ferez remarquer que c'est de la pointe au dedans des armes, que vous avez paré. Vous le ferez revenir faire la feinte à la pointe, & tirer dessus; puis le ferez remettre, pour redoubler de Seconde dessous les armes, du même côté, & faire sa retraite, qui est le septiéme & dernier coup du dedans des armes.

Chap. XVII.

Chap. IV.

Chap. V.

Venons aux coups dessus les armes, pour ce même jeu, pour ceux qui avancent. Le premier coup pour le dehors des armes, sera qu'il faut que vous fassiez engager vôtre Epée à vôtre Ecollier, au dedans des armes, pour dégager & battre sec vôtre Epée, dessus les armes, en tournant le poignet de Quarte, pour détourner vôtre pointe, qui doit être droit vis-à-vis de vôtre Ecollier. L'ayant chassée de devant luy, vous luy ferez achever son coup tout droit de Tierce, puis se remettre, pour reprendre dans la même ligne de Tierce. Aprés sa retraite, vous le ferez revenir en sa mesure, pour faire le second coup, qui sera de battre de même l'Epée sec, dessus les armes, & tirer droit, puis se remettre. Dans le temps qu'il se remettra, vous vous découvrirez dessous les armes, exprés pour luy faire comprendre que vous avez levé le bras; & luy ferez redoubler dessous. Aprés sa retraite, vous le ferez revenir encore, qui sera le troisiéme coup. Vous luy ferez aussi battre sec & tirer droit, puis il se remettra & reviendra à la lame. Dans ce temps vous dégagerez: Il prendra encore ce temps, tout droit de Quarte, où vous vous ferez découvert, puis fera sa retraite, & reviendra encore en mesure, pour le quatriéme coup. Vous luy ferez battre toûjours l'Epée sec en dégageant, puis il se remettra; & dans ce temps vous baisserez vôtre pointe en forme de cercle, comme j'ay dit, & luy ferez opposer sans quitter la lame, & opposer la main gauche; même vous luy ferez redoubler, dans la même situation; aprés il fera sa retraite, en faisant son cercle, comme je l'ay enseigné. Vous pouvez le poursuivre, pour le faire prendre sur le temps. Le cinquiéme coup de ce jeu, est que vous luy ferez encore battre l'Epée sec & tirer droit. Vous parerez ce coup de la pointe au dehors des armes, en gagnant

Chap. XVII.

Chap. VIII. Planche 5.

gagnant son fort (expliqué au premier Jeu, au dernier contre-dégagement) Ensuite il fera sa retraite, & reviendra en mesure, pour luy faire la feinte dehors, & tirer dedans. Aprés il se remettra, pour reprendre encore tout droit de Quarte, puis fera sa retraite, & reviendra en mesure pour faire le sixiéme coup. Vous luy ferez toûjours

Chap. VII.

battre l'Epée, & tirer droit, & vous parerez du fort, en élevant le coup, puis il fera sa retraite. Vous lui ferez revenir en mesure pour luy faire faire la feinte à l'endroit où vous avez paré. Aprés sa retraite, il reviendra en mesure, pour faire le septiéme coup de ce Jeu, où vous pourrez vous même lui marquer la même feinte qu'il a faite auparavant. Vous luy ferez prendre le temps dessous les armes, & luy ferez encore réiterer une autre fois, où vous parerez du fort, en abaissant le coup. Vous lui ferez comprendre la maniere dont vous avez paré, & luy ferez faire la feinte dessous, & tirer dessus de Tierce, puis redoubler dessous, & faire sa retraite. Il reviendra à la mesure, pour faire le huitiéme coup. Vous lui ferez faire le coup coupé par dessus la pointe (expliqué au dernier coup du premier Jeu) hors qu'il ne faut point parer; mais bien reprendre dessous les armes, & pour cela vous

éleverez exprés le bras pour vous découvrir dessous. Vous luy ferez prendre ce temps-là, & dans le temps que vous chercherez son Epée, il faudra qu'il dégage, sans que vous touchiez sa lame.

Dans le premier Jeu l'on pare à chaque coup, à cause que l'on a affaire à un homme qui tient pied ferme: A ce deuxiéme Jeu-cy l'on ne pare point du tout, à cause que l'on a affaire à un homme qui veut toûjours avancer & courir en avant. C'est pourquoy à chaque coup, l'on prend toûjours sur les temps, même aprés la retraite de vôtre Ecollier, vous pouvez marcher à luy pour le poursuivre, & vous faire prendre sur le temps, de la maniere que vous le jugerez. Vous luy ferez aussi commencer à fuir un petit pas en arriere, pour attirer l'ennemy; & dans le temps qu'il fera ce petit pas, vous marcherez en avant, vous découvrant tantôt de Quarte, & tantôt de Tierce, puis luy ferez des feintes, pour luy faire prendre sur tous ces temps. C'est dans ce Jeu où il profitera beaucoup, s'affermira bien sur les jambes, & sera en état, aprés l'avoir exercé du moins l'espace de deux ou trois mois, de passer à ce troisiéme Jeu, qui sera pour ceux qui reculent. Il est plus difficile à exercer & aussi à montrer.

Chap. VI.

TROI

TROISIEME JEU.

Pour faire entendre à voſtre Ecolier, que ce troiſiéme Jeu doit luy ſervir lors qu'il aura affaire à un homme qui recule, vous luy ferez comprendre qu'il doit, au premier coup qu'il pouſſera, juger ſi ſon ennemy recule. C'eſt pourquoy, au premier coup que vous luy ferez pouſſer, vous ne manquerez pas de reculer un petit pas en arriére; & voſtre Ecolier, à cauſe du petit pas que vous aurez fait en arriére, & que vous aure ʃ rompu la meſure, ſe trouvera éloigné de vous. Quand il l'aura compris, vous luy ferez faire ce que je vais expliquer.

Il faut que vous faſſiez écarter voſtre Ecolier plus qu'à l'ordinaire, l'Epée bien devant luy, le bras tout étendu. Vous en ferez tout de même, qui eſt de vous tenir en la même garde, & auſſi plus écarté. Dans le même temps vous luy ferez engager l'Epée deſſus les armes, le poignet tourné de Tierce; & le ferez dégager; la main la premiére, le bras tout étendu, tournant le poignet de Quarte. Dans le temps qu'il fera ſon dégagement, il doit faire un petit pas, commençant par luy faire porter le pied droit en avant, environ d'une ſemelle, & faire ſuivre le gauche, roidiſſant les deux jambes, élevant les reins; & vous luy montrerez à gagner le foible de voſtre Epée, en y avançant ſon fort. Dans le même temps qu'il coulera & marchera en avant, ce ſera à vous à luy faire faire la même choſe en arriére, qu'il aura faite en avant, hors qu'il faudra que dans le temps qu'il aura gagné la meſure & qu'il vous pouſſera, vous éloigniez le corps en arriére ſur la jambe gauche, & le faiſiez adjuſter de loin, juſqu'à voſtre corps, pour luy apprendre a bien connoitre ſa meſure. Enfin ayant gagné le fort, comme jay dit, il achevera ſa botte tout droit de Quarte, puis ſe remettra pour reprendre encore tout droit de Quarte; après vous luy ferez faire ſa retraite. Ce premier coup ſervira pour l'intelligence des autres coulemens, tant dedans, deſſus que deſſous. Le deuxiéme coup de ce Jeu, ſera qu'étant dans la même diſtance, comme j'ay dit, vous luy ferez encore couler au dedans des armes, en dégageant. Il viendra encore pour gagner vo tre foible, en entrant dans la meſure, dans ce temps, vous ne le ſouffrirez pas; mais bien dégagerez, pour le prendre ſur ce temps. Sa main & ſon corps étant avancez, il n'aura qu'à achever ſon coup tout droit de Tierce: Ce ſera où vous vous ſerez découvert. Même il peut y redoubler, après s'être remis; ou bien vous pouvez lever la main & le bras, pour le faire redoubler deſſous les armes, puis ſa retraite, aprés être revenu à l'Epée. Le troiſiéme coup eſt qu'étant revenu dans la meſme meſure & la meſme garde; & vous ſur tout à tous ces coups ayant l'Epée devant vous, la partie gauche bien éfacée. Il coulera encore pour gagner voſtre foible par le meſme dégagement, & dans le temps qu'il s'attachera à voſtre fer, vous reſiſterez à ſa lame, & dans le temps de la conteſtation, vous luy direz de céder à la force, de dégager deſſus les armes, & pouſſer ferme ſon coup juſqu'au corps; enſuite le faire remettre pour reprendre tout droit, ou deſſous, comme vous jugerez à propos, puis fera ſa retrai-

D'ARMES. 43

Ch. 4. traite, & reviendra faire le quatriéme coup. Il coulera encore le long de l'Epée; à ce coup vous parerez du fort au dedans des armes, en levant un peu le bras, & il fera sa retraite, puis reviendra en la distance accoûtumée, faire la demy-botte, toûjours en coulant le long de la lame, en la forçant un peu, & poussera dessous la ligne du bras, puis reviendra engager l'Epée dessus les armes, se découvrant au dedans des armes. Vous luy pousserez à sa découverte.

Ch. 9. Il parera & rispostera le long de vostre Epée, sans la quitter, sous la ligne du bras en flanc; parce que vous luy devez donner le jour; & luy serez opposer son bras gauche, puis se remettre & redoubler tout droit de Quarte : Aprés sa retraite, il reviendra dans la mesure accoûtumée, pour faire ce cinquiéme & dernier coup du dedans des armes, qui est qu'on doutant encore, en dégageant & engageant vostre Epée, & voulant gagner vostre foible, vous luy ferez tourner davantage la main de Quarte, qu'aux autres coups; ce qui fera un angle contraire au coup qu'il poussera; & luy ferez forcer vostre lame. Dans le mesme temps, vous luy ferez tourner la main de Prime, du mesme côté, en élevant fort haut le poignet

Ch. 12. & les reins. Il poussera sa botte jusqu'au corps, puis fera sa retraite, Epée perduë. Vous le poursuivrez pour engager son Epée, qui sera basse. Dans ce temps là vous l'avertirez de ne pas souffrir que vous la touchiez, & de dégager au plus vite, de Tierce dessus les armes. Vous se ferez remettre pour reprendre encore dessous, puis sa retraite. Il reviendra en mesure pour faire tous les coups & les coulemens qui se doivent faire dessus les armes, pour ce jeu. Le premier coup dessus les armes, que vous ferez faire, sera qu'étant tous deux en la mesme garde qu'aux coups précédens, vous ferez engager vostre Epée au dedans des armes, sans rien forcer, puis luy ferez faire un petit dégagement dessus les armes, tournant la main & le poignet de Quarte, engageant le fort de vostre lame, & coulant le long de la ligne de vostre Epée, en marchant un petit pas pour gagner la mesure. Dans le temps qu'il marchera, vous reculerez un petit pas, pour luy faire connoître que c'est encore pour ceux qui reculent, & luy ferez roidir les deux jambes, lors qu'il marchera en avant. S'étant fait jour dessus les armes, en gagnant vostre foible par son fort, il achevera son coup tout droit, en tournant la main de Tierce jusqu'au corps; ensuite il se remettra en garde, son Epée de Tierce, élevée un peu haute. Vous irez pour la chercher; Dans ce temps là vous luy ferez reprendre dessous les armes. Si vous demeurez découvert dessus les armes, vous luy ferez reprendre tout droit de Tierce, sans dégager. Le second coup du dessus des armes, est qu'étant encore engagé au dedans des armes, vous luy ferez couler de Quarte dessus les armes, en gagnant vostre foible par son fort. Vous dégagerez dans ce tems : Son Epée se trouvera au dedans des armes; par le dégagement que vous aurez fait, son Epée étant encore tournée de Quarte. Il n'aura qu'à achever son coup tout droit le long de vostre Epée, jusqu'au corps. Il se remettra pour reprendre encore tout droit de Quarte, sans quitter vostre Epée, puis fera sa retraite, & reviendra aprés en mesure pour faire ce troisiéme coup. Il engagera toûjours son Epée au dedans des armes, pour dégager & couler dessus les armes. Cette fois il doit y rencontrer vostre Epée, & y resister. Vous en ferez de même. Dans le temps que vous contesterez fort contre fort, vous luy ferez ceder à la force : Vous le ferez dégager au dedans des armes, pour y pousser tout droit de Quarte, du fort au foible; & en même temps il se remettra pour reprendre encore tout droit de Quarte, où quelques fois pour la re-

F 2   pri-

prise, vous lui ferez dégager deſſus les armes, ou bien rapporter ſon Epée oppoſée à la voſtre, comme eſt la Figure en forme de cercle, pour reprendre auſſi dans la même figure, puis la retraite. Il reviendra en meſure pour le quatriéme coup. Celuy-là eſt qu'il doit encore couler deſſus les armes, & tirer droit; vous parerez du fort, en élevant le coup; Voyant cette parade, il fera ſa retraite, & reviendra en meſure; & lui ferez faire un coulement deſſus les armes, tournant ſa main de Tierce. Vous irez pour lui parer, on elevant voſtre Epée & cherchant la ſienne; & dans ce temps vous le ferez dégager de Seconde deſſous les armes, puis il fera ſa retraite. Epée perduë, comme j'ai enſeigné, & les coups qui doivent ſuivre. Le cinquiéme coup eſt que vous vous mettrez en garde Allemande, à la maniere que je l'ay expliqué, & ferez mettre voſtre Ecollier en la même figure, & lui ferez faire le coup propre à cette garde, qui eſt encore un coulement pour gagner la meſure. Le ſixiéme coup eſt que vous vous mettrez en garde, l'Epée fort baſſe, que l'on nomme Quinte, le bras & l'Epée hors la cuiſſe. Voſtre Ecollier ſe mettra en ſa garde ordinaire, vous lui ferez croiſer voſtre Epée, en tournant la main les ongles vers la terre; en coulant il doit rencontrer voſtre Epée; il reſiſtera auſſi, & dans ce temps vous y reſiſterez auſſi; Vous le ferez dégager deſſus les armes, puis ſe remettre pour reprendre deſſous, ou bien vous dégagerez pour lui faire prendre le temps, puis il fera ſa retraite & reviendra en meſure; vous lui ferez couler encore deſſus les armes. Alors vous dégagerez, & dans ce temps vous pourrez lui faire prendre le deſſous. Ce dernier coup, n'eſt gueres d'uſage, l'Epée à la main. Il y a encore un autre coup pour les couletems, expliqué au Chapitre X. qui eſt une garde à l'Italienne. Vous le ferez faire auſſi de la maniere que je l'ay enſeigné.

Il faut remarquer dans ce Jeu, que lors que vous ferez faire tous ces coulemens, en marchant en avant, il faudra que voſtre Ecollier demeure un petit temps pour juger ce que ſon ennemy peut faire, & luy ferez remarquer tous les mouvemens que vous devez faire pour ce Jeu, qui ſont de reculer dans le temps qu'il viendra à vous, & de le faire bien ajuſter juſqu'au corps, à tous ſes coups, ſans ſecours de main gauche, ny avancer le corps. Ce Jeu ſe doit montrer plus longtemps que les deux autres, étant le plus difficile. Dans ce Jeu l'on pourra apprendre à ſon Ecollier à tourner; ce qui eſt fort neceſſaire quelques fois pour le choix du terrain, ou pour le Soleil. Cela ſe fera de cette maniere; ſavoir qu'ayant pouſſé & fait ſa retraite; vous pourrez approcher le pied droit à côté du gauche, & pencher le corps ſur la jambe gauche: Dans ce temps vous avancerez le pied gauche, en faiſant un grand pas à côté du corps; enſuite vous avancerez le pied droit en ligne directe du gauche, par ce moyen, le corps ſe trouvera dans un autre terrain. Vous pouvez auſſi faire lever le pied gauche & paſſer le droit devant, & le reïterer plus vite pluſieurs fois, en tournant autour de voſtre ennemy. Ce qui fera une marche pour le ſurprendre lors qu'il tournera. Dans le tems qu'il s'arrête, vous vous arrêterez auſſi, pour prendre voſtre garde ordinaire, & pour entreprendre tous les coups convenables aux défauts qu'il pourroit avoir.

Aprés avoir enſeigné ce dernier Jeu, vous pouvez encore, durant quelque temps, le faire recommencer d'une autre maniere plus ſeure, & pourtant fort aiſée à pratiquer. Lorsque voſtre Ecollier commencera le Jeu ordinaire, vous luy ferez engager voſtre Epée de Tierce deſſus les armes, pour dégager & couler au dedans des armes, en gagnant de ſon fort à voſtre foible. A celuy-cy vous luy ferez engager voſtre Epée au dedans des armes; ce ſera pour donner

au

au dedans des armes. Vous le ferez resister à vostre Epée, devant que de commencer à entrer en mesure; & par un petit mouvement de corps, en l'éloignant en arriére, vous le ferez dégager dessus les armes, sans toucher à vostre Epée, & dans ce même moment vous le ferez dégager & couler le long de vostre Epée, de même qu'aux autres coups du troisiéme Jeu; qui est de Quarte au dedans des armes, pour tirer tout droit; & ainsi des autres coups suivans, si ce n'est qu'au commencement, avant que de venir couler & gagner le fort de vostre Epée, vous luy ferez faire ce petit mouvement que je viens d'enseigner: Ce qui est fort bon pour surprendre celuy à qui l'on aura affaire. Vous ferez aussi faire, pour les coups du dehors des armes, le même mouvement, avant que d'entreprendre aucun coup, qui est qu'étant engagé dessus les armes, vous luy ferez dégager de la pointe, en tournant le poignet de Quarte au dedans des armes, en éloignant le corps en arriére, sans qu'il trouve vostre Epée; & ensuite le ferez dégager & couler dessus les armes, la main tournée de Quarte, & au même temps la tourner de Tierce, pour achever son coup: Et ainsi des autres coups expliquez dans ce troisiéme Jeü.

Aprés tous ces principes, ces trois premiers Jeux differens, & la suite du troisiéme Jeu, il faudra encore apprendre à son Ecollier toutes les maniéres pour faire partir l'ennemy, & pour bien parer & risposter. Toutes ces sortes de coups sont fondées sur ces trois premiers Jeux, où il faut toûjours revenir.

Ayant fait mettre vostre Ecollier en la garde ordinaire, vous luy ferez engager son Epée au dedans des armes; & en même temps vous luy ferez faire un appel, en dégageant & en engageant son Epée de Tierce dessus les armes. L'Ecollier se découvrant au dedans des armes, vous ne manquerez pas de luy pousser à cette découverte. Il parera & rispostera tout droit le long de vostre Epée, même dans le temps qu'il fera son appel, vous dégagerez & n'attendrez pas qu'il touche vostre lame; mais bien le faire revenir parer, & aussi-tost risposter tous la ligne du bras. Ainsi vous luy ferez réiterer plusieurs fois cet apel, & chaque coup vous luy pousserez une estocade, & luy ferez remarquer les mouvemens de vostre Epée; que le premier coup doit se risposter tout droit, & le second sous la ligne du bras en Flanconnade; en opposant le bras gauche; que vous luy donnerez le jour pour cela: Le troisiéme sera la demy botte tout droit, sans dégager; & le quatriéme sera la feinte tout droit, & tirer dessus. Vous luy ferez faire aussi les appels dessus les armes, en luy faisant engager vostre Epée dessus les armes, pour dégager & faire lui appel au dedans des armes, pour se découvrir dessus. Dans ce temps vous luy pousserez à cette découverte, & ne souffrirez pas qu'il trouve vostre Epée; mais dans le même temps, luy pousserez vostre estocade jusqu'au corps, pour l'obliger à parer. Vous le ferez parer & risposter tout droit, & ensuite recommencer ces appels. Vous luy pousserez, comme j'ay dit, dans le temps de l'appel; au second coup il parera & rispostera de Seconde dessous les armes; & au troisiéme, quand il vous rispostera, vous parerez de la pointe dessus les armes, & luy ferez faire la feinte tout droit dehors, & dégagerez de Quarte au dedans des armes. Le quatriéme est qu'aprés l'appel vous luy pousserez; il parera & fera la feinte dessous & tirera dessus. Enfin vous luy apprendrez à parer la demy botte & la feinte à la tête, que vous luy représenterez, & luy pousserez jusqu'au corps. Il se servira de la parade en forme de cercle, pour ces deux coups: & ce sera encore la fin de ce Jeu. Il y en a encore deux autres qui roulent sur ce-

celuy-cy, c'est pourquoy il n'est pas nécessaire d'en répéter tous les coups, je diray seulement que lors que vous ferez faire l'appel à vostre Ecollier, & qu'il aura trouvé vôtre Epée, tant dedans que dessus, vous luy ferez marcher un pas du pied droit seulement, sans bouger le pied gauche; & dans le temps qu'il marche, vous luy pousserez vostre botte jusqu'au corps. Il rispostera, sans démarer le pied gauche, à tous les coups marquez. Dans l'autre Jeu, tant dedans que dessus, à chaque coup; il fera l'appel & marchera son pas. Aussi à chaque coup, vous luy pousserez, & il exécutera selon les mouvemens de vostre Epée, comme je l'ay enseigné. L'autre sera lors qu'il fera son appel, en engageant vostre Epée, sans dégager, ou en dégageant; car les appels se peuvent faire tout droit, tant dedans, dessus que dessous, ou en dégageant. Luy ayant fait trouver vostre Epée, il faudra le faire marcher un pas du pied droit, sans bouger le pied gauche; & dans ce temps qu'il marche, vous ferez la mesme chose du pied gauche, puis luy ferez encore marcher un autre pas du pied droit, sans bouger le pied gauche, qui seront deux pas qu'il aura faits: Et aprés vous luy ferez, sans quitter vostre lame, pousser en deux temps, à l'endroit où vous luy aurez fait engager son Epée. Mais il faut toûjours commencer au dedans des armes, puis au dehors. Vous luy ferez faire encore tous les autres coups marquez cy devant. Aprés ces deux parfaits, vous luy pousserez. Il serrera la mesure du pied gauche, en parant il rispostera tous les coups de suite, tant dedans, dessus que dessous. Ce que j'ay marqué cy-devant, & expliqué aux autres Jeux.

Il y a encore ces bottes en trois tems, que l'on montre aussi par régles, qui est que du coup simple l'on vient au coup double, & du coup double l'on vient au triple. Pour l'expliquer. Si l'Ecolier pousse une botte de pied ferme, tant au dedans des armes, qu'au dehors & au dessous, c'est le coup simple, en dégageant, ou tout droit. Si en poussant, il a porté un coup au corps, il ne manquera pas d'y retourner, tant que l'ennemy n'y parera pas: mais aussi-tôt qu'il parera, il fera la feinte à l'endroit de sa parade, qui sera le coup double. Si l'ennemy la pare, il luy doublera la feinte, qui sera le coup triplé, ou en trois temps. Et ainsi des autres coups, tant dedans que dessus, de suite, comme aux autres Jeux, lors qu'il faut doubler les feintes. Quand vous luy ferez doubler les feintes, il faut, comme j'ay dit, que cela commence par un coup simple, ensuite par le coup double, qui est la feinte ou le semblant de tirer, que j'ay expliqué cy devant. Les trois temps qu'il faut faire aprés, ou la double feinte & poussé, seront de marquer les feintes aux endroits où l'ennemy parera, en battant deux fois du pied droit, & au deuxiéme battement il faudra faire suivre le pied gauche, s'il recule, en roidissant les deux jambes, le bras droit tout étendu, l'Epée bien devant soy; & l'ennemy s'ébranlant du côté où on luy aura fait la derniére feinte, pour aller à la parade, on ne manquera pas de pousser à cette découverte, mesme y redoubler selon la situation de son Epée. L'on peut, à tous les coups que j'ay enseignez, faire cette botte en trois temps, pourvû que ce soit, comme j'ay dit, en commençant par le coup simple, ensuite le double, & enfin le triple: Et que ce soit aprés les parades de l'Ennemy; car pour bien exécuter toutes les leçons, il ne faut jamais faire une feinte, simple ou double, qu'aprés que vous aurez remarqué l'endroit où l'on aura paré. Par exemple, à ces battemens secs & tirer droit, aprés les avoir faits, si vôtre ennemy paroit & reculoit, il faudroit faire vostre mesme battement, & au lieu de tirer droit, vous luy marqueriez

riez seulement le semblant de pousser tout droit, en battant du pied droit, pour le battement, & un autre battement en mesme temps du mesme pied, en faisant suivre le pied gauche, en cas qu'il recule, & pousserez dessus les armes. Ainsi de tous les autres coups, en suivant la mesme régle. Ce Jeu se peut faire aussi de pied ferme, sans suivre le pied gauche. Ce sera pour ceux qui ne reculent point.

Vous voyez que tous roulent sur ces trois premiers Jeux principaux : C'est pourquoy sans s'embarrasser, vous pouvez, le mieux qu'il vous sera possible, les faire éxécuter; & vous verrez le profit que sera vostre Ecolier. Aprés la pratique de ces Jeux, vous viendrez à celle des autres coups particuliers de mon Livre, comme sont les Passes, les Voltes, demy-voltes, les Saisissemens d'Epée & de Corps, les Parades en forme de cercle, & coups à l'Espagnol, que vous pouvez fort bien monstrer, pour peu que vous ayez d'assiduité & d'application.

F I N.

AVERTISSEMENT.

PLusieurs Amis de *Daniel De La Feuille*, ayant trouvé ce Livre bon & utile, pour l'Instruction des Personnes d'Epée, & sur tout dans ce tems de Guerre, qui empêche qu'on n'en puisse tirer de France que dificilement; lui ont conseillé de le faire imprimer. Ce qu'il a fait trés-volontiers, dans l'espérance qu'il sera bien reçû du Public & même d'un grand secours à ceux qui se mêlent du Métier de la Guerre, puisqu'il contient une grande quantité d'Instructions & de Leçons, que le Sr. DE LIANCOUR, Habile & des plus Experts dans l'Exercice de l'Epée, y donne, avec une Méthode facile & aisée, tant aux Maitres qui l'enseignent, qu'aux Gentilhommes qui le veulent aprendre.

Il a aussi fait imprimer un Livre de plus de 700 Dévises & Emblémes, avec l'Explication en Latin, François, Espagnol, Italien, Flaman, Anglois, & Alleman, pour l'usage de ces sept Nations. Ce Livre sera dans peu de tems augmenté d'une Seconde Partie, où il y aura sous chaque Devise & Emblême, un Quatrain, d'un des meilleurs Poëtes du Païs.

On trouve aussi chez lui un Livre de Chifres, qu'il a déja donné au Public il y a deux ans, augmenté d'une Seconde Partie, beaucoup plus ample que la Prémiere; comme aussi un Livre de Dessein pour les Arquebusiers, tirez des meilleurs Maitres de l'Europe, & généralement tout ce qui s'imprime en Hollande, tant en Taille Douce, qu'autrement.

Il mettra dans peu au jour, un Livre contenant l'intelligence du Blason, plus ample & plus curieux que pas un qui ait encore paru, avec les Armes des Rois & des Princes de l'Europe, & les Pavillons de ceux qui vont en Mer, en Flaman, en Anglois, & en François.

www.ingramcontent.com/pod-product-compliance
Lightning Source LLC
LaVergne TN
LVHW022145080426
835511LV00008B/1262